Radici Primordiali

Ritorno alle origini con la dieta paleo

Bianca Anticoli

Sommario

Bistecche alla griglia con hash di verdure a radice...9
Manzo asiatico e verdure 11
Filetti di tavola di cedro con spalmatura e slaw asiatici 13
Bistecche Tri-tip saltate in padella con peperonata di cavolfiore 16
Le bistecche hanno poivre con funghi di Digione..18
bistecca 18
SOS   18
Bistecche alla griglia con cipolle caramellate con chipotle e insalata di salsa 21
bistecca 21
Insalata di salsa...21
Cipolle caramellate...22
Ribeye alla griglia con cipolla e "burro" all'aglio 24
Insalata di costolette con barbabietole grigliate...26
Costolette alla coreana con cavolo allo zenzero saltato 28
Costolette di Manzo con Gremolata di Agrumi e Finocchi..31
Costolette 31
Zucca in padella 31
Gremolata 31
Polpette di manzo in stile svedese con senape e insalata di cetrioli................................34
Insalata di cetrioli...34
Il costo della vita...34
Hamburger di manzo brasato su rucola con radice arrostita...38
Hamburger Di Manzo Alla Griglia Con Pomodori In Crosta Di Sesamo 41
Hamburger su stecco con salsa Baba Ghanoush 44
Peperoni ripieni di fumo 46
Hamburger di bisonte con cipolle cabernet e rucola...49
Polpettone di bisonte e agnello su smog e patate dolci...52
Polpette di bisonte con salsa di mele e ribes con pappardelle di zucchine 55
Polpette 55
Salsa di mele e ribes...55
Pappardelle alle zucchine 55

Bisonte-porcini alla bolognese con spaghetti di zucca con aglio arrostito 58
Peperoncino di bisonte con carne 61
Bistecche di bisonte speziate marocchine con limoni grigliati 63
Bistecca di lombo di bisonte strofinata con erbe di Provenza 65
Costolette di bisonte brasate al caffè con gremolata di mandarini e purea di sedano rapa 67
marinato 67
Bollire soffocato 67
Brodo di ossa di manzo 70
Spalla di maiale tunisina speziata con patate dolci piccanti 72
Maiale 72
Patatine fritte 72
Spalla di maiale alla griglia cubana 75
Arrosto di maiale italiano speziato con verdure 78
Filetto di maiale al forno lento 80
Spezzatino di maiale e zucca condito con cumino 82
Bistecca ripiena di frutta con salsa al brandy 84
Bistecca 84
Salsa al brandy 84
Arrosto di maiale alla porchetta 87
Filetto di maiale brasato al tomatillo 89
Filetto di maiale ripieno di albicocche 91
Filetto di maiale in crosta di erbe con olio all'aglio croccante 93
Maiale indiano speziato con salsa di cocco 95
Scaloppini di Maiale con Mele e Castagne Speziate 96
Fajita di maiale saltata in padella 99
Lombo di maiale con porto e prugne secche 101
Maiale in stile Moo Shu in coppe di lattuga con verdure in salamoia veloci 103
Verdure in salamoia 103
Maiale 103
Costolette di maiale con noci di macadamia, salvia, fichi e purè di patate dolci 105
Costolette di maiale arrostite in padella alla lavanda e rosmarino con uva e noci tostate 107
Braciole di maiale alla fiorentina con broccoli grigliati 109
Braciole di maiale ripiene di scarola 112

Braciole di maiale in crosta di noci pecan di Digione 115
Maiale in crosta di noci con insalata di more e spinaci 117
Cotoletta di maiale con cavolo rosso in agrodolce 119
Cavolo 119
Maiale 119
Tacchino arrosto con purè di radici d'aglio 121
Petto di tacchino ripieno di pesto e insalata di rucola 124
Petto di tacchino condito con salsa BBQ alle ciliegie 126
Carne di tacchino brasata al vino 128
Petto di tacchino saltato in padella con salsa di scampi all'erba cipollina 131
Cosce di tacchino in umido con radice 133
Polpettone di tacchino alle erbe con ketchup di cipolla caramellata e fette di cavolo arrosto 135
Posole di tacchino 137
Brodo di ossa di pollo 139
Salmone verde Harissa 142
Salmone 142
Harissa 142
Semi di girasole speziati 142
Insalata 143
Salmone grigliato con insalata di cuori di carciofi marinati 146
Salmone cileno arrosto con salvia con salsa di pomodori verdi 148
Salmone 148
Salsa di pomodori verdi 148
Salmone arrosto e asparagi in cartocci con pesto di limone e nocciole 151
Salmone speziato con salsa di funghi e mele 153
Sole al cartoccio con verdure alla julienne 156
Tacos di pesce al pesto di rucola con crema affumicata al lime 158
Sogliola con crosta di mandorle 160
Bustine di Merluzzo e Zucchine Grigliate con Salsa Piccante al Mango e Basilico . 163
Merluzzo bollito al Riesling con pomodori ripieni di pesto 165
Merluzzo fritto con crosta di pistacchi, coriandolo e patate dolci schiacciate 167
Merluzzo al rosmarino e mandarino con broccoli arrostiti 169
Avvolgere con insalata di merluzzo verde con curry di ravanello marinato 171
Eglefino fritto con limone e finocchio 173

- Dentice in crosta di noci pecan con gombo cajun e remoulade di pomodoro 175
- Polpette di tonno al dragoncello con aioli di avocado e limone 178
- Tajine di spigola a strisce 181
- Halibut in salsa all'aglio e gamberi con verdure soffritto 183
- Bouillabaisse ai frutti di mare 185
- Ceviche classico di gamberetti 188
- Insalata di gamberi in crosta di cocco e spinaci 191
- Ceviche con gamberi tropicali e capesante 193
- Gamberetti jerk giamaicani con olio di avocado 195
- Scampi con spinaci appassiti e radicchio 196
- Insalata di granchio con avocado, pompelmo e jicama 198
- Lessare la coda di aragosta Cajun con aioli al dragoncello 200
- Frittelle di cozze con aioli allo zafferano 202
- Frittelle di pastinaca 202
- Aioli allo zafferano 202
- Cozze 202
- Capesante fritte al gusto di barbabietola rossa 205
- Capesante alla griglia con salsa di cetrioli all'aneto 208
- Capesante fritte con pomodoro, olio d'oliva e salsa alle erbe 211
- Vongole e salsa 211
- Insalata 211
- Cavolfiore arrosto al cumino con finocchio e cipolla perlata 213
- Sugo denso di pomodoro e melanzane con spaghetti di zucca 215
- Funghi stufati alla Portobello 217
- Radicchio arrosto 219
- Finocchi arrostiti con vinaigrette all'arancia 220

BISTECCHE ALLA GRIGLIA CON HASH DI VERDURE A RADICE

FORMAZIONE:20 minuti di riposo: 20 minuti di grill: 10 minuti di riposo: 5 minuti per la preparazione: 4 porzioni

LE BISTECCHE HANNO UNA CONSISTENZA MOLTO TENERA,E LA PICCOLA STRISCIA DI GRASSO SU UN LATO DELLA BISTECCA DIVENTA CROCCANTE E AFFUMICATA ALLA GRIGLIA. IL MIO MODO DI PENSARE AL GRASSO ANIMALE È CAMBIATO RISPETTO AL MIO PRIMO LIBRO. SE TI ATTIENI AI PRINCIPI DI BASE DELLA DIETA PALEO E MANTIENI I GRASSI SATURI ENTRO IL 10-15% DELLE CALORIE GIORNALIERE, IL RISCHIO DI MALATTIE CARDIACHE NON AUMENTERÀ E, ANZI, POTREBBE ESSERE VERO IL CONTRARIO. NUOVE INFORMAZIONI SUGGERISCONO CHE L'AUMENTO DEL COLESTEROLO LDL PUÒ EFFETTIVAMENTE RIDURRE L'INFIAMMAZIONE SISTEMICA, CHE È UN FATTORE DI RISCHIO PER LE MALATTIE CARDIACHE.

- 3 cucchiai di olio extra vergine di oliva
- 2 cucchiai di rafano appena grattugiato
- 1 cucchiaino di scorza d'arancia tritata finemente
- ½ cucchiaino di cumino macinato
- ½ cucchiaino di pepe nero
- 4 bistecche (chiamate anche lombo superiore), tagliate spesse circa 1 pollice
- 2 pastinache medie, sbucciate
- 1 patata dolce grande, sbucciata
- 1 rapa media, sbucciata
- 1 o 2 scalogni, tritati finemente
- 2 spicchi d'aglio, tritati
- 1 cucchiaio di timo fresco tritato

1. In una piccola ciotola, mescola 1 cucchiaio di olio, rafano, scorza d'arancia, cumino e ¼ di cucchiaino di pepe.

Distribuire il composto sulle bistecche; coprire e lasciare a temperatura ambiente per 15 minuti.

2. Nel frattempo, per l'hashish, utilizzando una grattugia o un robot da cucina dotato di lama per triturare, tritare le pastinache, le patate dolci e le rape. Metti le verdure tritate in una ciotola capiente; aggiungere lo scalogno (i). In una piccola ciotola, unisci i restanti 2 cucchiai di olio, il restante ¼ di cucchiaino di pepe, l'aglio e il timo. Irrorare con le verdure; mescolare per amalgamare bene. Piega un pezzo di pellicola pesante da 36 x 18 pollici a metà per creare un doppio spessore di pellicola che misura 18 x 18 pollici. Disporre il composto di verdure al centro della pellicola; sollevare i bordi opposti della pellicola e sigillare con una doppia piega. Ripiegare i bordi rimasti per racchiudere completamente le verdure, lasciando spazio al vapore.

3. Per una griglia a carbone o a gas, posizionare le bistecche e la confezione di alluminio direttamente sulla griglia a fuoco medio. Coprire e cuocere alla griglia le bistecche per 10-12 minuti per una cottura media (145 °F) o da 12 a 15 minuti per una cottura media (160 °F), girando una volta a metà cottura. Grigliare la confezione per 10-15 minuti o fino a quando le verdure saranno tenere. Lascia riposare le bistecche per 5 minuti mentre le verdure finiscono di cuocere. Dividere l'hashish di verdure tra quattro piatti da portata; completare con le bistecche.

MANZO ASIATICO E VERDURE

FORMAZIONE:30 minuti tempo di cottura: 15 minuti rende: 4 porzioni

FIVE SPICE POWDER È UNA MISCELA DI SPEZIE SENZA SALE AMPIAMENTE UTILIZZATO NELLA CUCINA CINESE. È COMPOSTO DA PARTI UGUALI DI CANNELLA MACINATA, CHIODI DI GAROFANO, SEMI DI FINOCCHIO, ANICE STELLATO E PEPE IN GRANI DI SZECHWAN.

- 1½ libbre di filetto di manzo disossato o di manzo disossato rotondo, tagliato a 1 pollice di spessore
- 1 cucchiaino e mezzo di polvere di cinque spezie
- 3 cucchiai di olio di cocco raffinato
- 1 cipolla rossa piccola, tagliata a fettine sottili
- 1 mazzetto di asparagi (circa 12 once), mondato e tagliato in pezzi da 3 pollici
- 1 tazza e ½ di carote gialle e/o arancioni tagliate a julienne
- 4 spicchi d'aglio, tritati
- 1 cucchiaino di scorza d'arancia tritata finemente
- ¼ di tazza di succo d'arancia fresco
- ¼ di tazza di brodo di ossa di manzo (vedi ricetta) o brodo di carne non salato
- ¼ di tazza di aceto di vino bianco
- Da ¼ a ½ cucchiaino di pepe rosso macinato
- 8 tazze di cavolo napa tritato grossolanamente
- ½ tazza di mandorle a scaglie non salate o anacardi non salati tritati grossolanamente e tostati (vedere consiglio a pagina 57)

1. Se lo si desidera, congelare parzialmente la carne per facilitarne il taglio (circa 20 minuti). Tagliare la carne di manzo a fette molto sottili. In una grande ciotola, unisci la carne di manzo e la polvere di cinque spezie. In un wok grande o in una padella molto grande, scalda 1 cucchiaio di olio di cocco a fuoco medio-alto. Aggiungi metà della carne di manzo; cuocere e mescolare per 3-5 minuti o fino

a doratura. Trasferisci la carne in una ciotola. Ripetere l'operazione con la carne rimanente e 1 altro cucchiaio di olio. Trasferisci la carne nella ciotola con l'altra carne cotta.

2. Nello stesso wok, aggiungi il restante 1 cucchiaio di olio. Aggiungi la cipolla; cuocere e mescolare per 3 minuti. Aggiungi asparagi e carote; cuocere e mescolare per 2 o 3 minuti o fino a quando le verdure saranno croccanti e tenere. Aggiungere l'aglio; cuocere e mescolare per un altro 1 minuto.

3. Per la salsa, in una piccola ciotola unire la scorza d'arancia, il succo d'arancia, il brodo di ossa di manzo, l'aceto e il peperoncino macinato. Aggiungere la salsa e tutta la carne con i succhi presi dalla ciotola alle verdure nel wok. Cuocere e mescolare per 1-2 minuti o finché non sarà completamente riscaldato. Usando una schiumarola, trasferisci le verdure di manzo in una ciotola capiente. Coprire per stare al caldo.

4. Cuocere la salsa, senza coperchio, a fuoco medio per 2 minuti. Aggiungi cavolo; cuocere e mescolare per 1 o 2 minuti o finché il cavolo non sarà appassito. Dividere il cavolo e l'eventuale fondo di cottura in quattro piatti da portata. Coprire uniformemente con il composto di manzo. Cospargere di noci.

FILETTI DI TAVOLA DI CEDRO CON SPALMATURA E SLAW ASIATICI

IMBEVUTO:1 ora preparazione: 40 minuti grill: 13 minuti stand: 10 minuti preparazione: 4 porzioni.

IL CAVOLO NAPA È TALVOLTA CHIAMATO CAVOLO CINESE.HA FOGLIE BELLE, CREMOSE, CREMOSE CON PUNTE GIALLO-VERDI BRILLANTI. HA UN SAPORE E UNA CONSISTENZA DELICATI E DELICATI, MOLTO DIVERSI DALLE FOGLIE CEROSE DEL CAVOLO A TESTA TONDA, ED È, NON A CASO, UN ELEMENTO NATURALE DEI PIATTI IN STILE ASIATICO.

- 1 grande tavola di cedro
- ¼ oncia di funghi shiitake secchi
- ¼ di tazza di olio di noci
- 2 cucchiaini di zenzero fresco tritato
- 2 cucchiaini di pepe rosso macinato
- 1 cucchiaino di grani di pepe di Szechwan tritati
- ¼ di cucchiaino di polvere di cinque spezie
- 4 spicchi d'aglio, tritati
- 4 bistecche di manzo da 4 a 5 once, tagliate da ¾ a 1 pollice di spessore
- Slaw asiatico (vedi_ricetta_, inferiore)

1. Posizionare la griglia nell'acqua; abbassare il peso e lasciarlo macerare per almeno 1 ora.

2. Nel frattempo, per la spalmata asiatica, in una piccola ciotola, versare acqua bollente sui funghi shiitake secchi; lasciare riposare per 20 minuti per reidratarsi. Scolare i funghi e metterli in un robot da cucina. Aggiungere olio di noci, zenzero, peperoncino tritato, pepe in grani di Szechuan, cinque spezie in polvere e aglio. Coprire e

lavorare finché i funghi non vengono tritati e gli ingredienti vengono combinati; accantonare.

3. Svuotare la piastra della griglia. Per una griglia a carbone, disporre i carboni ardenti medi attorno al perimetro della griglia. Posiziona la griglia direttamente sopra la brace. Coprire e grigliare per 3-5 minuti o fino a quando la tavola inizia a scoppiettare e fumare. Metti le bistecche sulla griglia direttamente sopra i carboni; grigliare per 3-4 minuti o fino a tostatura. Trasferisci le bistecche sul tagliere, con il lato scottato rivolto verso l'alto. Posiziona la tavola al centro della griglia. Dividi l'Asian Slather tra le bistecche. Coprire e grigliare per 10-12 minuti, o fino a quando un termometro a lettura istantanea inserito orizzontalmente nelle bistecche indica 130 ° F. (Per una griglia a gas, preriscaldare la griglia. Ridurre il calore a medio. Posizionare la tavola sgocciolata sulla griglia; coprire e grigliare per 3-5 minuti o fino a quando la tavola inizia a scoppiettare e fumare. Metti le bistecche sulla griglia per 3-4 minuti o fino a quando. Trasferisci le bistecche su un tagliere, con la parte scottata rivolta verso l'alto. Regolare la griglia per la cottura indiretta; posizionare il tagliere per bistecca sul fornello spento. Dividi la spalmatura tra le bistecche. Coprire e grigliare per 10-12 minuti o finché un termometro a lettura istantanea inserito orizzontalmente nelle bistecche non segna 130°F.) Dividi la spalmatura tra le bistecche. Coprire e grigliare per 10-12 minuti o finché un termometro a lettura istantanea inserito orizzontalmente nelle bistecche non segna 130°F.) Dividi la spalmatura tra le bistecche. Coprire e grigliare per 10-12 minuti o finché

un termometro a lettura istantanea inserito orizzontalmente nelle bistecche non segna 130°F.)

4. Togliere le bistecche dalla griglia. Coprire le bistecche senza stringere con un foglio di alluminio; lasciarlo riposare per 10 minuti. Tagliare le bistecche a fette spesse ¼ di pollice. Servire la bistecca con l'insalata asiatica.

Insalata asiatica: in una ciotola capiente, unisci 1 cavolo napa medio, tagliato a fettine sottili; 1 tazza di cavolo rosso tritato finemente; 2 carote, sbucciate e tagliate a julienne; 1 peperone dolce rosso o giallo, snocciolato e tagliato a fettine molto sottili; 4 porcini, tagliati a fettine sottili; Da 1 a 2 peperoni serrano, senza semi e tritati (vedi mancia); 2 cucchiai di coriandolo tritato; e 2 cucchiai di menta tritata. Per il condimento, in un robot da cucina o in un frullatore unisci 3 cucchiai di succo di limone fresco, 1 cucchiaio di zenzero appena grattugiato, 1 spicchio d'aglio tritato e ⅛ cucchiaino di polvere di cinque spezie. Coprire e lavorare fino a che liscio. Con il processore in funzione, aggiungere gradualmente ½ tazza di olio di noci e lavorare fino a ottenere un composto omogeneo. Aggiungere 1 cipolla, affettata sottilmente, al condimento. Irrorare lo slaw e mescolare per ricoprire.

BISTECCHE TRI-TIP SALTATE IN PADELLA CON PEPERONATA DI CAVOLFIORE

FORMAZIONE: 25 minuti tempo di cottura: 25 minuti per: 2 porzioni

LA PEPERONATA È TRADIZIONALMENTE UN RAGÙ A COTTURA LENTA DI PEPERONI DOLCI CON CIPOLLE, AGLIO ED ERBE AROMATICHE. QUESTA VERSIONE SALTATA VELOCEMENTE, RESA PIÙ DENSA CON IL CAVOLFIORE, FUNZIONA SIA COME CONDIMENTO CHE COME CONTORNO.

- 2 bistecche tri-tip da 4 a 6 once, tagliate da ¾ a 1 pollice di spessore
- ¾ cucchiaino di pepe nero
- 2 cucchiai di olio extra vergine di oliva
- 2 peperoni rossi e/o gialli, privati dei semi e affettati
- 1 scalogno, affettato sottilmente
- 1 cucchiaino di spezie mediterranee (vedi ricetta)
- 2 tazze di piccole cimette di cavolfiore
- 2 cucchiai di aceto balsamico
- 2 cucchiaini di timo fresco tritato

1. Asciugare le bistecche con carta assorbente. Cospargere le bistecche con ¼ di cucchiaino di pepe nero. In una padella capiente, scaldare 1 cucchiaio di olio a fuoco medio-alto. Aggiungi le bistecche in padella; ridurre il calore a medio. Cuocere le bistecche per 6-9 minuti per una cottura media (145 ° F), girando di tanto in tanto. (Se la carne si rosola troppo velocemente, ridurre la fiamma.) Rimuovere le bistecche dalla padella; coprire liberamente con un foglio di alluminio per mantenerlo caldo.

2. Per la peperonata, aggiungi il restante 1 cucchiaio di olio nella padella. Aggiungi peperoni e scalogno. Cospargere con condimento mediterraneo. Cuocere a fuoco medio per circa 5 minuti o fino a quando i peperoni si saranno ammorbiditi, mescolando di tanto in tanto. Aggiungere il cavolfiore, l'aceto balsamico, il timo e il rimanente ½ cucchiaino di pepe nero. Coprire e cuocere per 10-15 minuti o fino a quando il cavolfiore sarà tenero, mescolando di tanto in tanto. Riporta le bistecche nella padella. Metti il composto di peperoni sopra le bistecche. Servire immediatamente.

LE BISTECCHE HANNO POIVRE CON FUNGHI DI DIGIONE

FORMAZIONE:15 minuti di cottura: 20 minuti fanno: 4 porzioni

QUESTA BISTECCA DI ISPIRAZIONE FRANCESE CON SALSA DI FUNGHIPUÒ ESSERE IN TAVOLA IN POCO PIÙ DI 30 MINUTI, RENDENDOLO UN'OTTIMA SCELTA PER UN PASTO VELOCE DURANTE LA SETTIMANA.

BISTECCA

    3 cucchiai di olio extra vergine di oliva

    1 chilo di asparagi piccoli, mondati

    4 bistecche di ferro piatto da 6 once (lombo di manzo disossato)*

    2 cucchiai di rosmarino fresco tritato

    1 cucchiaino e mezzo di pepe nero spezzato

SOS

    8 once di funghi freschi affettati

    2 spicchi d'aglio, tritati

    ½ tazza di brodo di ossa di manzo (vediricetta)

    ¼ di bicchiere di vino bianco secco

    1 cucchiaio di senape di Digione (vediricetta)

1. Scaldare 1 cucchiaio di olio in una padella capiente a fuoco medio-alto. Aggiungere gli asparagi; cuocere per 8-10 minuti o fino a quando diventano croccanti, girando di tanto in tanto le lance per evitare che si brucino. Trasferire gli asparagi in un piatto; coprire con un foglio di alluminio per mantenerlo al caldo.

2. Cospargere le bistecche con rosmarino e pepe; strofinare con le dita. Nella stessa padella, scaldare i restanti 2 cucchiai di olio a fuoco medio-alto. Aggiungi bistecche;

ridurre il calore a medio. Cuocere per 8-12 minuti per una cottura media (145 ° F), girando la carne di tanto in tanto. (Se la carne si rosola troppo velocemente, ridurre il fuoco.) Togliere la carne dalla padella, conservando i sgocciolamenti. Coprire le bistecche senza stringere con un foglio di alluminio per mantenerle al caldo.

3. Per la salsa, aggiungere nella padella i funghi e l'aglio sgocciolato; cuocere fino a renderlo morbido, mescolando di tanto in tanto. Aggiungere il brodo, il vino e la senape alla Digione. Cuocere a fuoco medio, raschiando eventuali pezzetti dorati dal fondo della padella. Portare ad ebollizione; cuocere per 1 altro minuto.

4. Dividere gli asparagi in quattro piatti. Completare con le bistecche; cucchiaio di salsa sulle bistecche.

*Nota: se non riesci a trovare bistecche di ferro piatto da 6 once, acquista due bistecche da 8 a 12 once e tagliale a metà per ottenere quattro bistecche.

BISTECCHE ALLA GRIGLIA CON CIPOLLE CARAMELLATE CON CHIPOTLE E INSALATA DI SALSA

FORMAZIONE:30 minuti marinatura: 2 ore cottura al forno: 20 minuti raffreddamento: 20 minuti griglia: 45 minuti preparazione: 4 porzioni

LA BISTECCA DI FERRO PIATTO È UNA BISTECCA RELATIVAMENTE NUOVATAGLIO SVILUPPATO SOLO POCHI ANNI FA. TAGLIATO DALLA SAPORITA SEZIONE DEL MANDRINO ACCANTO ALLA SCAPOLA, È SORPRENDENTEMENTE TENERO E HA UN SAPORE MOLTO PIÙ COSTOSO DI QUELLO CHE È, IL CHE PROBABILMENTE SPIEGA LA SUA RAPIDA CRESCITA IN POPOLARITÀ.

BISTECCA

⅓ tazza di succo di limone fresco
¼ di tazza di olio extra vergine di oliva
¼ tazza di coriandolo tritato grossolanamente
5 spicchi d'aglio, tritati
4 bistecche di ferro piatto da 6 once (filetto di manzo disossato).

INSALATA DI SALSA

1 cetriolo senza semi (inglese) (sbucciato se lo si desidera), tagliato a dadini
1 tazza di pomodorini tagliati in quarti
½ tazza di cipolla rossa a dadini
½ tazza di coriandolo tritato grossolanamente
1 chile poblano, senza semi e tagliato a dadini (vedi_mancia_)
1 jalapeño, senza semi e tritato (vedi_mancia_)
3 cucchiai di succo di limone fresco
2 cucchiai di olio extra vergine di oliva

CIPOLLE CARAMELLATE

2 cucchiai di olio extra vergine di oliva

2 cipolle dolci grandi (tipo Maui, Vidalia, Texas Sweet o Walla Walla)

½ cucchiaino di pepe chipotle macinato

1. Per le bistecche, metterle in un sacchetto di plastica richiudibile in un piatto poco profondo; accantonare. In una piccola ciotola, unisci il succo di limone, l'olio, il coriandolo e l'aglio; versare sopra le bistecche confezionate. Busta sigillata; torniamo al cappotto. Marinare in frigorifero per 2 ore.

2. Per l'insalata, in una ciotola capiente unisci il cetriolo, il pomodoro, la cipolla, il coriandolo, il poblano e il jalapeño. Mescolare per unire. Per il condimento, in una piccola ciotola mescolare il succo di limone e l'olio d'oliva. Condire con condimento le verdure; gettare per coprire. Coprire e conservare in frigorifero fino al momento di servire.

3. Per le cipolle, preriscaldare il forno a 400 ° F. Spennellare l'interno di un forno olandese con un filo d'olio d'oliva; accantonare. Tagliate la cipolla a metà nel senso della lunghezza, eliminate la buccia e poi affettatela trasversalmente con uno spessore di mezzo centimetro. Nel forno olandese, unisci l'olio d'oliva rimanente, la cipolla e il peperoncino chipotle. Coprire e cuocere per 20 minuti. Coprire e lasciare raffreddare per circa 20 minuti.

4. Trasferisci le cipolle raffreddate in un sacchetto di alluminio per griglia o avvolgi le cipolle in un foglio di alluminio a doppio spessore. Forare la parte superiore della pellicola in più punti con uno spiedino.

5. Per una griglia a carbone, disporre i carboni ardenti medi attorno al perimetro della griglia. Prova a fuoco medio al centro della griglia. Posizionare la confezione al centro della griglia. Coprire e grigliare per circa 45 minuti o fino a quando le cipolle saranno morbide e di colore ambrato. (Per una griglia a gas, preriscaldare la griglia. Ridurre il calore a medio. Regolare per la cottura indiretta. Posizionare la confezione sul bruciatore spento. Coprire anche la griglia come indicato.)

6. Togliere le bistecche dalla marinata; scartare la marinata. Per una griglia a carbone o a gas, posiziona le bistecche direttamente sulla griglia a fuoco medio-alto. Coprire e cuocere alla griglia per 8-10 minuti o finché un termometro a lettura istantanea inserito orizzontalmente nelle bistecche non segna 135 ° F, girando una volta. Trasferire le bistecche su un piatto, coprire leggermente con la pellicola e lasciare riposare per 10 minuti.

7. Per servire, dividere la salsa in quattro piatti da portata. Disporre una bistecca su ogni piatto e adagiarvi sopra un mucchio di cipolle caramellate. Servire immediatamente.

Istruzioni per la preparazione: La salsa può essere preparata e conservata in frigorifero fino a 4 ore prima di servire.

RIBEYE ALLA GRIGLIA CON CIPOLLA E "BURRO" ALL'AGLIO

FORMAZIONE:10 minuti cottura: 12 minuti raffreddamento: 30 minuti grigliatura: 11 minuti preparazione: 4 porzioni

IL CALORE DELLE BISTECCHE APPENA GRIGLIATE SI STA SCIOGLIENDOCUMULI DI CIPOLLE CARAMELLATE, AGLIO ED ERBE AROMATICHE, SOSPESI IN UNA RICCA MISCELA DI OLIO DI COCCO E OLIO D'OLIVA.

2 cucchiai di olio di cocco non raffinato

1 cipolla piccola, tagliata a metà e affettata molto sottilmente (circa ¾ di tazza)

1 spicchio d'aglio, tagliato molto sottile

2 cucchiai di olio extra vergine di oliva

1 cucchiaio di prezzemolo fresco tritato

2 cucchiaini di timo, rosmarino e/o origano appena tritati

4 bistecche di manzo da 8 a 10 once, tagliate spesse 1 pollice

½ cucchiaino di pepe nero appena macinato

1. In una padella media, sciogli l'olio di cocco a fuoco basso. Aggiungi la cipolla; cuocere per 10-15 minuti o fino a doratura leggera, mescolando di tanto in tanto. Aggiungere l'aglio; cuocere altri 2 o 3 minuti o fino a quando le cipolle saranno dorate, mescolando di tanto in tanto.

2. Trasferisci il composto di cipolle in una piccola ciotola. Mescolare l'olio d'oliva, il prezzemolo e il timo. Conservare in frigorifero, scoperto, per 30 minuti o finché il composto non sarà abbastanza solido da incorporarsi una volta rimosso, mescolando di tanto in tanto.

3. Nel frattempo, cospargere le bistecche con pepe. Per una griglia a carbone o a gas, posiziona le bistecche direttamente sulla griglia a fuoco medio. Coprire e grigliare per 11-15 minuti per una cottura media (145 °F) o da 14 a 18 minuti per una cottura media (160 °F), girando una volta a metà cottura.

4. Per servire, posizionare ogni bistecca su un piatto da portata. Versare immediatamente il composto di cipolle in modo uniforme sulle bistecche.

INSALATA DI COSTOLETTE CON BARBABIETOLE GRIGLIATE

FORMAZIONE: 20 minuti grill: 55 minuti stand: 5 minuti preparazione: 4 porzioni

IL SAPORE TERROSO DELLE BARBABIETOLE SI ABBINA MAGNIFICAMENTECON LA DOLCEZZA DELLE ARANCE E LE NOCI PECAN TOSTATE AGGIUNGONO UN PO' DI CROCCANTEZZA A QUESTA INSALATA DI PORTATA PRINCIPALE, PERFETTA DA MANGIARE ALL'APERTO IN UNA CALDA NOTTE D'ESTATE.

1 chilo di barbabietola media rossa e/o dorata, sbucciata, mondata e affettata
1 cipolla piccola, affettata sottilmente
2 rametti di timo fresco
1 cucchiaio di olio extra vergine di oliva
Pepe nero spezzato
2 bistecche di manzo disossate da 8 once, tagliate spesse ¾ di pollice
2 spicchi d'aglio, tagliati a metà
2 cucchiai di spezie mediterranee (vediricetta)
6 tazze di verdure miste
2 arance sbucciate, sezionate e tritate grossolanamente
½ tazza di noci pecan tritate e tostate (vedimancia)
½ tazza di vinaigrette agli agrumi luminosi (vediricetta)

1. Metti i rametti di barbabietola rossa, cipolla e timo in un vassoio di alluminio. Irrorare con olio e mescolare per unire; spolverare leggermente con pepe nero spezzato. Per una griglia a carbone o a gas, posizionare la padella al centro della griglia. Coprire e grigliare per 55-60 minuti o fino a quando saranno teneri quando forati con un coltello, mescolando di tanto in tanto.

2. Nel frattempo, strofina entrambi i lati della bistecca con i lati tagliati dell'aglio; cospargere con spezie mediterranee.

3. Sposta le barbabietole dal centro della griglia per fare spazio alla bistecca. Aggiungi le bistecche alla griglia direttamente a fuoco medio. Coprire e grigliare per 11-15 minuti per una cottura media (145 °F) o da 14 a 18 minuti per una cottura media (160 °F), girando una volta a metà cottura. Togliere il vassoio di alluminio e le bistecche dalla griglia. Lascia riposare le bistecche per 5 minuti. Eliminare i rametti di timo dal vassoio di alluminio.

4. Tagliare diagonalmente la bistecca sottile in bocconcini. Dividere le verdure in quattro piatti da portata. Completare con la bistecca a fette, le barbabietole, le fette di cipolla, le arance tritate e le noci pecan. Condire con una brillante vinaigrette agli agrumi.

COSTOLETTE ALLA COREANA CON CAVOLO ALLO ZENZERO SALTATO

FORMAZIONE:50 minuti di cottura: 25 minuti di cottura: 10 ore di raffreddamento: durante la notte prepara: 4 porzioni

ASSICURATI CHE IL COPERCHIO DEL TUO FORNO OLANDESEADERISCE MOLTO BENE, IN MODO CHE DURANTE IL TEMPO DI EBOLLIZIONE MOLTO LUNGO, IL LIQUIDO DI COTTURA NON EVAPORI COMPLETAMENTE ATTRAVERSO LO SPAZIO TRA IL COPERCHIO E LA PENTOLA.

1 oncia di funghi shiitake secchi

1 tazza e ½ di tè tagliato a fette

1 pera asiatica, sbucciata, senza torsolo e tritata

1 pezzo di zenzero fresco da 3 pollici, sbucciato e tritato

1 peperone serrano, tritato finemente (senza semi se lo si desidera) (vedi mancia)

5 spicchi d'aglio

1 cucchiaio di olio di cocco raffinato

5 chili di costolette di manzo con osso

Pepe nero appena macinato

4 tazze di brodo di ossa di manzo (vedi ricetta) o brodo di carne non salato

2 tazze di funghi shiitake freschi a fette

1 cucchiaio di scorza d'arancia tritata finemente

⅓ tazza di succo fresco

Cavolo allo zenzero saltato (vedi ricetta, inferiore)

Buccia d'arancia tritata finemente (facoltativa)

1. **Preriscaldare il forno a 180°C. Metti i funghi shiitake secchi in una piccola ciotola; aggiungere abbastanza acqua bollente da coprire. Lasciare riposare per circa 30 minuti o finché non sarà reidratato e morbido. Scolare, conservando il liquido di ammollo. Tritare finemente i funghi. Metti i funghi in una piccola ciotola; coprire e**

conservare in frigorifero fino al momento del passaggio 4. Mettere da parte i funghi e il liquido.

2. Per la salsa, in un robot da cucina unire la cipolla, la pera asiatica, lo zenzero, il serrano, l'aglio e il liquido di ammollo dei funghi. Coprire e lavorare fino a che liscio. Metti da parte la salsa.

3. In un forno olandese da 6 litri, scaldare l'olio di cocco a fuoco medio-alto. Cospargere le costolette con pepe nero appena macinato. Cuocere le costolette, in porzioni, nell'olio di cocco caldo per circa 10 minuti o fino a quando saranno ben dorate su tutti i lati, girandole a metà cottura. Riporta tutte le costole nella pentola; aggiungere il sugo e il brodo di ossa di manzo. Copri il forno olandese con un coperchio aderente. Cuocere per circa 10 ore o fino a quando la carne sarà molto tenera e si staccherà dall'osso.

4. Rimuovere con attenzione le costole dalla salsa. Metti le costolette e la salsa in ciotole separate. Coprire e conservare in frigorifero durante la notte. Una volta fredda, eliminare il grasso dalla superficie della salsa e scartarla. Portare a ebollizione la salsa a fuoco alto; aggiungere i funghi idratati del passaggio 1 e i funghi freschi. Far bollire dolcemente per 10 minuti per ridurre la salsa ed intensificare i sapori. Riporta le costole alla salsa; cuocere fino a quando non sarà completamente riscaldato. Mescolare 1 cucchiaio di scorza d'arancia e succo d'arancia. Servire con cavolo allo zenzero saltato. Se lo si desidera, cospargere con ulteriore scorza d'arancia.

Cavolo allo zenzero saltato: in una padella capiente, scalda 1 cucchiaio di olio di cocco raffinato a fuoco medio-alto.

Aggiungi 2 cucchiai di zenzero fresco tritato; 2 spicchi d'aglio, tritati; e pepe rosso macinato a piacere. Cuocere e mescolare finché non diventa fragrante, circa 30 secondi. Aggiungere 6 tazze di cavolo napa o cavolo riccio sminuzzato e 1 pera asiatica, sbucciata, senza torsolo e affettata sottilmente. Cuocere e mescolare per 3 minuti o fino a quando il cavolo appassisce leggermente e la pera si ammorbidisce. Mescolare ½ tazza di succo di mela non zuccherato. Coprire e cuocere per circa 2 minuti fino a quando il cavolo sarà tenero. Mescolare ½ tazza di tè a fette e 1 cucchiaio di semi di sesamo.

COSTOLETTE DI MANZO CON GREMOLATA DI AGRUMI E FINOCCHI

FORMAZIONE:40 minuti grill: 8 minuti cottura lenta: 9 ore (bassa) o 4 ore e mezza (alta) per: 4 porzioni

LA GREMOLATA È UNA MISCELA AROMATICADI PREZZEMOLO, AGLIO E SCORZA DI LIMONE, CHE VIENE COSPARSO SULL'OSSO BUCCO - IL CLASSICO PIATTO DI VITELLO IN UMIDO ITALIANO - PER FAR RISPLENDERE IL SUO SAPORE RICCO E BURROSO. CONDITE CON SCORZA D'ARANCIA E MORBIDE FOGLIE DI FINOCCHIO FRESCO, FA LO STESSO CON QUESTE TENERE COSTOLETTE DI MANZO.

COSTOLETTE
Costolette di manzo con osso da 2½ a 3 libbre

3 cucchiai di condimento al limone ed erbe aromatiche (vediricetta)

1 bulbo di finocchio medio

1 cipolla grande, tagliata a fette grandi

2 tazze di brodo di ossa di manzo (vediricetta) o brodo di carne non salato

2 spicchi d'aglio, tagliati a metà

ZUCCA IN PADELLA
3 cucchiai di olio extra vergine di oliva

1 libbra di zucca, sbucciata, senza semi e tagliata a pezzi da ½ pollice (circa 2 tazze)

4 cucchiaini di timo fresco tritato

Olio extravergine d'oliva

GREMOLATA
¼ di tazza di prezzemolo fresco tritato

2 cucchiai di aglio tritato

1 cucchiaino e mezzo di scorza di limone grattugiata finemente

1 cucchiaino e mezzo di scorza d'arancia tritata finemente

1. Cospargere le costolette con il condimento al limone e le erbe aromatiche; strofinare delicatamente la carne con le dita; accantonare. Togliere le foglie al finocchio; mettere da parte per la Gremolata agli agrumi e al finocchio. Tagliare e tagliare in quarti il bulbo del finocchio.

2. Per una griglia a carbone, disporre i carboni ardenti medi su un lato della griglia. Provare a fuoco medio sulla griglia senza carboni. Disporre le costolette sulla griglia dal lato senza carboni; posizionare i quarti di finocchio e le fette di cipolla sulla griglia direttamente sulla brace. Coprire e grigliare per 8-10 minuti o fino a quando le verdure e le costolette saranno appena dorate, girando una volta a metà cottura. (Per una griglia a gas, preriscaldare la griglia, ridurre la fiamma a media. Regolare per la cottura indiretta. Posizionare le costolette sulla griglia sopra il bruciatore spento; posizionare il finocchio e la cipolla sulla griglia sopra il bruciatore acceso. Coprire inoltre la griglia come indicato.) Quando è abbastanza freddo da poter essere maneggiato, tritare grossolanamente il finocchio e la cipolla.

3. In una casseruola da 5-6 litri, unire il finocchio e la cipolla tritati, il brodo di ossa di manzo e l'aglio. Aggiungi le costole. Coprire e cuocere a fuoco basso per 9-10 ore o 4½-5 ore a fuoco alto. Usando una schiumarola, trasferisci le costolette su un piatto; coprire con un foglio di alluminio per mantenerlo al caldo.

4. Nel frattempo, per la zucca, scaldare 3 cucchiai di olio in una padella capiente a fuoco medio-alto. Aggiungi la zucca e 3 cucchiaini di timo, mescolando per ricoprire la zucca.

Disporre la zucca in un unico strato nella padella e cuocere senza mescolare per circa 3 minuti o fino a doratura nella parte inferiore. Capovolgi i pezzi di zucca; cuocere per altri 3 minuti circa o fino a quando il secondo lato sarà dorato. Ridurre il calore al minimo; coprire e cuocere per 10-15 minuti o fino a quando saranno teneri. Cospargere con 1 cucchiaino rimanente di timo fresco; condire con olio extra vergine di oliva.

5. Per la gremolata, tritare finemente le foglie di finocchio messe da parte per ottenere ¼ di tazza. In una piccola ciotola, mescolare le foglie di finocchio tritate, il prezzemolo, l'aglio, la scorza di limone e la scorza d'arancia.

6. Cospargere la gremolata sulle costolette. Servire con le zucchine.

POLPETTE DI MANZO IN STILE SVEDESE CON SENAPE E INSALATA DI CETRIOLI

FORMAZIONE:30 minuti tempo di cottura: 15 minuti rende: 4 porzioni

IL MANZO ALLA LINDSTROM È UN HAMBURGER SVEDESECHE È TRADIZIONALMENTE COSTELLATO DI CIPOLLE, CAPPERI E BARBABIETOLE SOTT'ACETO SERVITE CON SALSA E SENZA PANINO. QUESTA VERSIONE INFUSA DI PIMENTO SOSTITUISCE LE BARBABIETOLE ARROSTITE CON BARBABIETOLE IN SALAMOIA E CAPPERI CARICHI DI SALE ED È CONDITA CON UN UOVO FRITTO.

INSALATA DI CETRIOLI

2 cucchiaini di succo d'arancia fresco

2 cucchiaini di aceto di vino bianco

1 cucchiaino di senape di Digione (vediricetta)

1 cucchiaio di olio extra vergine di oliva

1 grande cetriolo senza semi (inglese), sbucciato e affettato

2 cucchiaini di tè a fette

1 cucchiaio di aneto fresco tritato

IL COSTO DELLA VITA

1 kg di carne macinata

¼ tazza di cipolla tritata finemente

1 cucchiaio di senape di Digione (vediricetta)

¾ cucchiaino di pepe nero

½ cucchiaino di pimento macinato

½ barbabietola piccola, arrostita, sbucciata e tritata finemente*

2 cucchiai di olio extra vergine di oliva

½ tazza di brodo di ossa di manzo (vediricetta) o brodo di carne non salato

4 uova grandi

1 cucchiaio di erba cipollina tritata finemente

1. Per l'insalata di cetrioli, in una ciotola capiente sbatti insieme il succo d'arancia, l'aceto e la senape di Digione. Aggiungere lentamente l'olio d'oliva a filo, sbattendo finché il condimento non si addensa leggermente. Aggiungi cetriolo, cipolla e aneto; mescolare fino a quando combinato. Coprire e conservare in frigorifero fino al momento di servire.

2. Per le polpette di manzo, in una ciotola capiente unire la carne macinata, la cipolla, la senape di Digione, il pepe e il pimento. Aggiungere le barbabietole arrostite e mescolare delicatamente fino a incorporarle uniformemente nella carne. Formare il composto in quattro polpette spesse ½ pollice.

3. In una padella capiente, scalda 1 cucchiaio di olio d'oliva a fuoco medio-alto. Friggere le polpette per circa 8 minuti o finché non saranno dorate all'esterno e ben cotte (160°), girandole una volta. Trasferite le polpette su un piatto e coprite con la pellicola per mantenerle al caldo. Aggiungi il brodo di ossa di manzo, mescolando per raschiare eventuali pezzetti dorati dal fondo della padella. Cuocere per circa 4 minuti o finché non si sarà ridotto della metà. Irrorare le polpette con il sugo ridotto della padella e coprire nuovamente senza stringere.

4. Sciacquare e pulire la padella con un tovagliolo di carta. Scaldare il restante 1 cucchiaio di olio d'oliva a fuoco medio. Friggere le uova nell'olio caldo per 3-4 minuti o fino a quando gli albumi saranno cotti ma i tuorli saranno ancora morbidi e liquidi.

5. Metti un uovo su ogni polpetta di manzo. Cospargere con erba cipollina e servire con insalata di cetrioli.

*Consiglio: per friggere le barbabietole, strofinarle bene e adagiarle su un foglio di alluminio. Condire con un filo d'olio d'oliva. Avvolgere nella pellicola e sigillare ermeticamente. Arrostire in forno a 180°C per circa 30 minuti o fino a quando una forchetta trafigge facilmente le barbabietole. Lascialo raffreddare; scivolare la pelle. (Le barbabietole possono essere arrostite fino a 3 giorni prima. Avvolgere strettamente le barbabietole arrostite sbucciate e conservare in frigorifero.)

HAMBURGER DI MANZO BRASATO SU RUCOLA CON RADICE ARROSTITA

FORMAZIONE:40 minuti cottura: 35 minuti arrostitura: 20 minuti preparazione: 4 porzioni

CI SONO MOLTI ELEMENTIA QUESTI SOSTANZIOSI HAMBURGER - E CI VUOLE UN PO' PER METTERLI INSIEME - MA L'INCREDIBILE COMBINAZIONE DI SAPORI NE VALE LA PENA: UN HAMBURGER CARNOSO È CONDITO CON CIPOLLE CARAMELLATE E SALSA DI FUNGHI E SERVITO CON VERDURE DOLCI ARROSTITE E PEPE. VOLITIVO

- 5 cucchiai di olio extra vergine di oliva
- 2 tazze di bottoni, cremini e/o funghi shiitake freschi a fette
- 3 cipolle gialle, affettate sottili*
- 2 cucchiaini di semi di cumino
- 3 carote, sbucciate e tagliate a pezzi da 1 pollice
- 2 pastinache, sbucciate e tagliate a pezzi da 1 pollice
- 1 zucca ghianda, tagliata a metà, senza semi e affettata
- Pepe nero appena macinato
- 2 kg di carne macinata
- ½ tazza di cipolla tritata finemente
- 1 cucchiaio di miscela di condimenti multiuso senza sale
- 2 tazze di brodo di ossa di manzo (vediricetta) o brodo di carne non salato
- ¼ di tazza di succo di mela non zuccherato
- Da 1 a 2 cucchiai di sherry secco o aceto di vino bianco
- 1 cucchiaio di senape di Digione (vediricetta)
- 1 cucchiaio di foglie di timo appena tritate
- 1 cucchiaio di foglie di prezzemolo fresco tritato
- 8 tazze di foglie di rucola

1. Preriscaldare il forno a 425°F. Per la salsa, in una padella capiente, scaldare 1 cucchiaio di olio d'oliva a fuoco

medio-alto. Aggiungere i funghi; cuocere e mescolare per circa 8 minuti o fino a quando saranno ben dorati e teneri. Con una schiumarola trasferite i funghi in un piatto. Riporta la padella sul fuoco; ridurre il calore a medio. Aggiungere il restante 1 cucchiaio di olio d'oliva, la cipolla affettata e i semi di cumino. Coprire e cuocere per 20-25 minuti o fino a quando le cipolle saranno molto morbide e dorate, mescolando di tanto in tanto. (Regolare il calore secondo necessità per evitare che la cipolla bruci.)

2. Nel frattempo, per le verdure a radice arrostite, disporre le carote, le pastinache e le zucchine su una grande teglia da forno. Condire con 2 cucchiai di olio d'oliva e spolverare con pepe a piacere; mescolare per ricoprire le verdure. Arrostire per 20-25 minuti o fino a quando saranno teneri e inizieranno a dorare, girando una volta a metà cottura. Mantieni le verdure al caldo fino al momento di servire.

3. Per gli hamburger, in una ciotola capiente unire la carne macinata, la cipolla tritata finemente e il mix di spezie. Dividere il composto di carne in quattro parti uguali e formare delle polpette spesse circa ¾ di pollice. In una padella molto grande, scaldare il restante 1 cucchiaio di olio d'oliva a fuoco medio-alto. Aggiungi gli hamburger in padella; cuocere circa 8 minuti o fino a doratura su entrambi i lati, girando una volta. Trasferisci gli hamburger su un piatto.

4. Aggiungi nella padella le cipolle caramellate, i funghi messi da parte, il brodo di ossa di manzo, il succo di mela, lo sherry e la senape alla Digione, mescolando per amalgamare. Metti gli hamburger nella padella. Portare ad

ebollizione. Cuocere fino alla cottura degli hamburger (160 ° F), circa 7-8 minuti. Mescolare timo fresco, prezzemolo e pepe a piacere.

5. Per servire, disponi 2 tazze di rucola su ciascuno dei quattro piatti da portata. Dividete le verdure arrostite tra le insalate, quindi completate con gli hamburger. Metti generosamente il composto di cipolle sugli hamburger.

*Suggerimento: una mandolina è molto utile per affettare sottilmente le cipolle.

HAMBURGER DI MANZO ALLA GRIGLIA CON POMODORI IN CROSTA DI SESAMO

FORMAZIONE:30 minuti di stand-by: 20 minuti di grill: 10 minuti per la preparazione: 4 porzioni

FETTE DI POMODORO CROCCANTI, DORATE E IN CROSTA DI SESAMOSOSTITUISCI IL TRADIZIONALE PANINO AL SESAMO IN QUESTI HAMBURGER AFFUMICATI. SERVITELI CON COLTELLO E FORCHETTA.

Fette di pomodoro rosse o verdi spesse 4 ½ pollici*

1¼ libbre di carne magra

1 cucchiaio di spezia affumicata (vediricetta)

1 uovo grande

¾ tazza di farina di mandorle

¼ tazza di semi di sesamo

¼ cucchiaino di pepe nero

1 cipolla rossa piccola, tagliata a metà e affettata

1 cucchiaio di olio extra vergine di oliva

¼ di tazza di olio di cocco raffinato

1 lattuga Bibb

Paleo Ketchup (vediricetta)

Senape alla Digione (vediricetta)

1. Metti le fette di pomodoro su un doppio strato di carta assorbente. Coprire i pomodori con un altro doppio strato di carta assorbente. Premere delicatamente sulla carta assorbente in modo che aderisca ai pomodori. Lasciare riposare a temperatura ambiente per 20-30 minuti in modo che parte del succo di pomodoro venga assorbito.

2. Nel frattempo, in una ciotola capiente, unisci la carne macinata e il condimento affumicato. Formare quattro polpette spesse ½ pollice.

3. In una ciotola leggermente profonda, sbatti delicatamente l'uovo con una forchetta. In un'altra ciotola poco profonda, unire la farina di mandorle, i semi di sesamo e il pepe. Immergi ogni fetta di pomodoro nell'uovo, girandola per ricoprirla. Lasciare sgocciolare l'uovo in eccesso. Immergere ogni fetta di pomodoro nella miscela di farina di mandorle, girandola per ricoprirla. Disporre i pomodorini ricoperti su un piatto piano; accantonare. Mescolare le fette di cipolla con l'olio d'oliva; posizionare le fette di cipolla in un cestello per griglia.

4. Per una griglia a carbone o a gas, posizionare le cipolle nel cestello e le polpette di manzo sulla griglia a fuoco medio. Coprire e cuocere alla griglia per 10-12 minuti oppure le cipolle saranno dorate e leggermente carbonizzate e le polpette saranno cotte (160°), mescolando di tanto in tanto le cipolle e girando le polpette una volta.

5. Nel frattempo, in una padella capiente, scalda l'olio a fuoco medio. Aggiungi le fette di pomodoro; cuocere per 8-10 minuti o fino a doratura, girando una volta. (Se i pomodori si dorano troppo velocemente, ridurre il fuoco a medio-basso. Se necessario, aggiungere ulteriore olio.) Scolare su un piatto rivestito di carta assorbente.

6. Per servire, dividere la lattuga in quattro piatti da portata. Completare con polpette, cipolle, ketchup paleo, senape alla Digione e pomodori in crosta di sesamo.

*Nota: probabilmente avrai bisogno di 2 pomodori grandi. Se usate pomodori rossi, scegliete quelli appena maturi ma ancora un po' sodi.

HAMBURGER SU STECCO CON SALSA BABA GHANOUSH

IMBEVUTO: 15 minuti preparazione: 20 minuti grigliatura: 35 minuti preparazione: 4 porzioni

BABA GHANOUSH È UNA CREMA MEDIORIENTALE A BASE DI PUREA DI MELANZANE AFFUMICATE GRIGLIATE CON OLIO D'OLIVA, LIMONE, AGLIO E TAHINI, UNA PASTA A BASE DI SEMI DI SESAMO MACINATI. UNA SPOLVERATA DI SEMI DI SESAMO VA BENE, MA SE TRASFORMATI IN UN OLIO O IN UNA PASTA, DIVENTANO UNA FONTE CONCENTRATA DI ACIDO LINOLEICO, CHE PUÒ CONTRIBUIRE ALL'INFIAMMAZIONE. IL BURRO DI PINOLI UTILIZZATO QUI È UN OTTIMO SOSTITUTO.

4 pomodori secchi

1 chilo e mezzo di carne magra

3-4 cucchiai di cipolla tritata finemente

1 cucchiaio di origano fresco tritato finemente e/o menta fresca tritata finemente o ½ cucchiaino di origano secco, tritato

¼ cucchiaino di pepe di cayenna

Salsa Baba Ghanoush (vedi ricetta, inferiore)

1. Immergere otto spiedini di legno da 10 pollici in acqua per 30 minuti. Nel frattempo, in una ciotolina, versate l'acqua bollente sui pomodori; lasciare agire per 5 minuti per reidratarsi. Scolare i pomodori e asciugarli con carta assorbente.

2. In una ciotola capiente, unisci i pomodori tritati, il manzo, la cipolla, l'origano e il pepe di cayenna. Dividere il composto di carne in otto porzioni; arrotolare ciascuna porzione in una palla. Rimuovere gli spiedini dall'acqua;

Asciutto. Metti una pallina su uno spiedino e forma un lungo ovale attorno allo spiedo, iniziando appena sotto la punta appuntita e lasciando abbastanza spazio all'altra estremità per tenere lo stecco. Ripeti con gli spiedini e le palline rimanenti.

3. Per una griglia a carbone o a gas, posizionare gli spiedini di manzo su una griglia diretta a fuoco medio. Coprire e cuocere alla griglia per circa 6 minuti o fino a cottura (160 ° F), girando una volta a metà cottura. Servire con salsa Baba Ganoush.

Salsa Baba Ghanoush: bucherellare 2 melanzane medie in più punti con una forchetta. Per una griglia a carbone o a gas, posiziona le melanzane su una griglia diretta a fuoco medio. Coprire e grigliare per 10 minuti o finché non sarà carbonizzato su tutti i lati, girando più volte durante la grigliatura. Rimuovere le melanzane e avvolgerle con cura nella pellicola. Rimetti le melanzane avvolte sulla griglia, ma non direttamente sulla brace. Coprire e grigliare per altri 25-35 minuti o fino a quando non sarà crollato e molto tenero. Freddo. Tagliare a metà le melanzane e raschiare la polpa; mettere la carne in un robot da cucina. Aggiungere ¼ di tazza di burro di pinoli (vediricetta); ¼ tazza di succo di limone fresco; 2 spicchi d'aglio, tritati; 1 cucchiaio di olio extra vergine di oliva; 2 o 3 cucchiai di prezzemolo fresco tritato; e ½ cucchiaino di cumino macinato. Coprire e lavorare fino a ottenere un composto quasi liscio. Se la salsa è troppo densa per essere inzuppata, aggiungi abbastanza acqua per ottenere la consistenza desiderata.

PEPERONI RIPIENI DI FUMO

FORMAZIONE:20 minuti cottura: 8 minuti cottura: 30 minuti preparazione: 4 porzioni

RENDI QUESTO PREFERITO DALLA FAMIGLIACON UN MIX DI PEPERONI COLORATI PER UN PIATTO ACCATTIVANTE. I POMODORI ARROSTITI SONO UN BUON ESEMPIO DI COME AGGIUNGERE SAPORE AL CIBO IN MODO SANO. IL SEMPLICE ATTO DI CARBONIZZARE LEGGERMENTE I POMODORI PRIMA DI INSCATOLARE (SENZA SALE) NE ESALTA IL SAPORE.

- 4 peperoni grandi verdi, rossi, gialli e/o arancioni
- 1 kg di carne macinata
- 1 cucchiaio di spezia affumicata (vedi_ricetta_)
- 1 cucchiaio di olio extra vergine di oliva
- 1 cipolla gialla piccola, tritata
- 3 spicchi d'aglio, tritati
- 1 cavolfiore a testa piccola, privato del torsolo e spezzettato in cimette
- 1 lattina da 15 once, senza aggiunta di sale, pomodori arrostiti a cubetti, scolati
- ¼ di tazza di prezzemolo fresco tritato finemente
- ½ cucchiaino di pepe nero
- ⅛ cucchiaino di pepe di cayenna
- ½ tazza di copertura di briciole di noci (vedi_ricetta_, inferiore)

1. Preriscaldare il forno a 180°C. Tagliare i peperoni a metà verticalmente. Rimuovere steli, semi e membrane; gettare Metti da parte le metà del peperone.

2. Metti la carne in una ciotola media; cospargere con condimento affumicato. Usa le mani per mescolare delicatamente le spezie nella carne.

3. In una padella capiente, scaldare l'olio d'oliva a fuoco medio. Aggiungere carne, cipolla e aglio; cuocere fino a quando la

carne sarà rosolata e la cipolla sarà tenera, mescolando con un cucchiaio di legno per spezzettare la carne. Togliere la padella dal fuoco.

4. Lavorare le cimette di cavolfiore in un robot da cucina finché non saranno tritate molto finemente. (Se non disponi di un robot da cucina, grattugia il cavolfiore su una grattugia.) Misura 3 tazze di cavolfiore. Aggiungi il composto di manzo nella padella. (Se è rimasto del cavolfiore, conservalo per un altro uso.) Aggiungere i pomodori sgocciolati, il prezzemolo, il pepe nero e il pepe di cayenna.

5. Farcire le metà del peperone con il composto di carne macinata, compattandolo leggermente e avvolgendolo delicatamente. Disporre le metà dei peperoni ripieni in una teglia. Cuocere in forno per 30-35 minuti o fino a quando i peperoni saranno croccanti e teneri.* Completare con la copertura di briciole di noci pecan. Se lo si desidera, rimettere in forno per 5 minuti per una copertura croccante prima di servire.

Guarnizione con mollica di noci: in una padella media, scaldare 1 cucchiaio di olio extra vergine di oliva a fuoco medio-basso. Mescola 1 cucchiaino di timo secco, 1 cucchiaino di paprika affumicata e ¼ di cucchiaino di aglio in polvere. Aggiungere 1 tazza di noci tritate molto finemente. Cuocere e mescolare per circa 5 minuti o fino a quando le noci saranno dorate e leggermente tostate. Aggiungi una spolverata o due di pepe di cayenna. Lasciarlo raffreddare completamente. Conservare la copertura avanzata in un contenitore ermeticamente chiuso in frigorifero fino al momento dell'uso. Fa 1 tazza.

*Nota: se si utilizzano peperoni verdi, cuocere per altri 10 minuti.

HAMBURGER DI BISONTE CON CIPOLLE CABERNET E RUCOLA

FORMAZIONE:30 minuti cottura: 18 minuti grigliatura: 10 minuti preparazione: 4 porzioni

IL BISONTE HA UN CONTENUTO DI GRASSI MOLTO BASSOE CUCINERÀ DAL 30% AL 50% PIÙ VELOCEMENTE DELLA CARNE DI MANZO. LA CARNE MANTIENE IL SUO COLORE ROSSO DOPO LA COTTURA, QUINDI IL COLORE NON È UN INDICATORE DI COTTURA. POICHÉ IL BISONTE È COSÌ MAGRO, NON CUOCERLO AL DI SOPRA DI UNA TEMPERATURA INTERNA DI 155°F.

2 cucchiai di olio extra vergine di oliva
2 grandi cipolle dolci, affettate sottilmente
¾ tazza di Cabernet Sauvignon o altro vino rosso secco
1 cucchiaino di spezie mediterranee (vedi_ricetta_)
¼ di tazza di olio extra vergine di oliva
¼ di tazza di aceto balsamico
1 cucchiaio di scalogno tritato finemente
1 cucchiaio di basilico fresco tritato
1 piccolo spicchio d'aglio, tritato
1 chilogrammo di bisonte macinato
¼ di tazza di pesto di basilico (vedi_ricetta_)
5 tazze di rucola
Pistacchi crudi non salati, tostati (vedi_mancia_)

1. Scaldare 2 cucchiai di olio in una padella larga a fuoco medio-basso. Aggiungi la cipolla. Cuocere, coperto, per 10-15 minuti o fino a quando la cipolla sarà tenera, mescolando di tanto in tanto. Scoprire; cuocere e mescolare a fuoco medio-alto per 3-5 minuti o fino a quando la cipolla sarà dorata. Aggiungi vino; cuocere circa

5 minuti o fino a quando la maggior parte del vino sarà evaporata. Cospargere con condimento mediterraneo; tenere caldo

2. Nel frattempo, per la vinaigrette, in un barattolo con tappo a vite, unisci ¼ di tazza di olio d'oliva, aceto, scalogno, basilico e aglio. Coprire e agitare bene.

3. In una ciotola capiente, mescolare delicatamente il bisonte macinato e il pesto di basilico. Modella delicatamente il composto di carne in quattro polpette spesse ¾ pollici.

4. Per una griglia a carbone o a gas, posizionare le polpette su una griglia leggermente unta direttamente a fuoco medio. Coprire e grigliare per circa 10 minuti fino alla cottura desiderata (145°F per media cottura o 155°F per media), girando una volta a metà cottura.

5. Metti la rucola in una ciotola capiente. Condire la vinaigrette sulla rucola; gettare per coprire. Per servire, dividere le cipolle tra quattro piatti da portata; guarnire ciascuno con un hamburger di bisonte. Ricoprire gli hamburger con la rucola e cospargere di pistacchi.

POLPETTONE DI BISONTE E AGNELLO SU SMOG E PATATE DOLCI

FORMAZIONE:1 ora cottura: 20 minuti cottura: 1 ora riposo: 10 minuti preparazione: 4 porzioni

QUESTO È UN BUON CIBO CONFORTEVOLE VECCHIO STILECON UN TOCCO MODERNO. UNA SALSA AL VINO ROSSO AGGIUNGE SAPORE AL POLPETTONE, MENTRE LA ZUPPA ALL'AGLIO E IL PURÈ DI PATATE DOLCI CON CREMA DI ANACARDI E OLIO DI COCCO FORNISCONO UN INCREDIBILE CONTENUTO NUTRIZIONALE.

2 cucchiai di olio d'oliva

1 tazza di funghi cremini tritati finemente

½ tazza di cipolla rossa tritata finemente (1 media)

½ tazza di sedano tritato finemente (1 gambo)

⅓ tazza di carota tritata finemente (1 piccola)

½ mela piccola senza torsolo, sbucciata e tritata

2 spicchi d'aglio, tritati

½ cucchiaino di spezie mediterranee (vediricetta)

1 uovo grande, leggermente sbattuto

1 cucchiaio di salvia fresca tritata

1 cucchiaio di timo fresco tritato

8 once di bisonte macinato

8 once di agnello o manzo macinato

¾ bicchiere di vino rosso secco

1 scalogno medio, tritato finemente

¾ tazza di brodo di ossa di manzo (vediricetta) o brodo di carne non salato

Purè di patate dolci (vediricetta, inferiore)

Bietole con aglio (vediricetta, inferiore)

1. Preriscaldare il forno a 180°C. In una padella capiente, scaldare l'olio a fuoco medio. Aggiungere i funghi, la cipolla, il sedano e la carota; cuocere e mescolare per circa 5 minuti o fino a quando le verdure saranno tenere. Ridurre il calore al minimo; aggiungere la mela e l'aglio tritati. Cuocere, coperto, per circa 5 minuti o fino a quando le verdure saranno molto tenere. Togliere dal fuoco; mescolare le spezie mediterranee.

2. Usando una schiumarola, trasferisci il composto di funghi in una ciotola capiente, conservando i residui nella padella. Incorporate l'uovo, la salvia e il timo. Aggiungi bisonte e agnello macinato; mescolare delicatamente. Versare il composto di carne in una padella rettangolare da 2 litri; formare un rettangolo di 7×4 pollici. Cuocere per circa 1 ora o finché un termometro a lettura istantanea non registra 155 ° F. Lasciare riposare per 10 minuti. Rimuovere con attenzione il polpettone su un piatto da portata. Coprire e tenere al caldo.

3. Per la salsa in padella, raschiare il sugo e i pezzetti dorati e croccanti dalla teglia e trasferirli nel sugo messo da parte nella padella. Aggiungere il vino e lo scalogno. Portare a ebollizione a fuoco medio; cuocere fino a ridurlo della metà. Aggiungi il brodo di ossa di manzo; cuocere e mescolare fino a ridurlo della metà. Togliere la padella dal fuoco.

4. Per servire, dividere il purè di patate dolci in quattro piatti da portata; completare con un po' di Garlic Swiss Smog. Tagliare il polpettone; adagiare le fettine sulle bietole all'aglio e condire con la salsa in padella.

Purè di patate dolci: sbucciare e tritare grossolanamente 4 patate dolci medie. In una pentola capiente cuocere le patate in acqua bollente sufficiente a coprirle per 15 minuti o finché saranno tenere; perdita Purea con purè di patate. Aggiungere ½ tazza di crema di anacardi (vediricetta) e 2 cucchiai di olio di cocco non raffinato; purea fino a che liscio. Tenere caldo.

Bietola all'aglio: rimuovere i gambi da 2 mazzi e scartarli. Tritare grossolanamente le foglie. In una padella capiente, scaldare 2 cucchiai di olio d'oliva a fuoco medio. Aggiungere la bietola e 2 spicchi d'aglio tritati; cuocere finché lo smog non sarà appassito, mescolando di tanto in tanto.

POLPETTE DI BISONTE CON SALSA DI MELE E RIBES CON PAPPARDELLE DI ZUCCHINE

FORMAZIONE:25 minuti cottura: 15 minuti cottura: 18 minuti preparazione: 4 porzioni

LE POLPETTE RISULTERANNO MOLTO UMIDEMENTRE LI FORMI. PER EVITARE CHE IL COMPOSTO DI CARNE SI ATTACCHI ALLE MANI, TENETE A PORTATA DI MANO UNA CIOTOLA CON ACQUA FREDDA E BAGNATEVI LE MANI DI TANTO IN TANTO MENTRE LAVORATE. CAMBIATE PIÙ VOLTE L'ACQUA MENTRE PREPARATE LE POLPETTE.

POLPETTE
- Olio d'oliva
- ½ tazza di cipolla rossa tritata grossolanamente
- 2 spicchi d'aglio, tritati
- 1 uovo, leggermente sbattuto
- ½ tazza di funghi e gambi tritati finemente
- 2 cucchiai di prezzemolo italiano fresco tritato (a foglia piatta)
- 2 cucchiaini di olio d'oliva
- Bisonte macinato da 1 libbra (macinato grossolanamente se disponibile)

SALSA DI MELE E RIBES
- 2 cucchiai di olio d'oliva
- 2 grandi mele Granny Smith, sbucciate, senza torsolo e tritate finemente
- 2 scalogni, tritati
- 2 cucchiai di succo di limone fresco
- ½ tazza di brodo di ossa di pollo (vedi_ricetta_) o brodo di pollo non salato
- 2 o 3 cucchiai di ribes essiccato

PAPPARDELLE ALLE ZUCCHINE
- 6 zucche

2 cucchiai di olio d'oliva

¼ di tazza di nebbia tritata finemente

½ cucchiaino di pepe rosso macinato

2 spicchi d'aglio, tritati

1. Per le polpette preriscaldare il forno a 180°C. Spennellare leggermente una teglia cerchiata con olio d'oliva; accantonare. In un robot da cucina o in un frullatore, unisci la cipolla e l'aglio. Frullare fino a ottenere un composto liscio. Trasferisci il composto di cipolle in una ciotola media. Aggiungere l'uovo, i funghi, il prezzemolo e 2 cucchiaini di olio; mescolare per unire. Aggiungi bisonte macinato; mescolare delicatamente ma bene. Dividere il composto di carne in 16 porzioni; formare delle polpette. Disporre le polpette equamente distanziate sulla teglia preparata. Cuocere per 15 minuti; accantonare.

2. Per la salsa, scaldare 2 cucchiai di olio in una padella a fuoco medio. Aggiungi mele e scalogno; cuocere e mescolare per 6-8 minuti o fino a quando saranno molto teneri. Mescolare il succo di limone. Trasferisci il composto in un robot da cucina o in un frullatore. Coprire ed elaborare o frullare fino a che liscio; tornare nella padella. Incorporare il brodo di ossa di pollo e il ribes. Portare ad ebollizione; ridurre il calore. Cuocere, scoperto, per 8-10 minuti, mescolando spesso. Aggiungi le polpette; cuocere e mescolare a fuoco basso finché non saranno riscaldati.

3. Nel frattempo, per le pappardelle, tagliate le estremità delle zucchine. Utilizzando una mandolina o un pelapatate molto affilato, grattugiate le zucchine a nastri sottili. (Per mantenere intatti i nastri, smetti di radere dopo aver raggiunto i semi al centro della zucca.) In una padella

molto grande, scalda 2 cucchiai di olio a fuoco medio. Mescolare lo scalogno, il peperoncino tritato e l'aglio; cuocere e mescolare per 30 secondi. Aggiungere i nastri di zucchine. Cuocere e mescolare delicatamente per circa 3 minuti o fino ad appassimento.

4. Per servire, dividere le pappardelle in quattro piatti da portata; guarnire con polpette, salsa di mele e ribes.

BISONTE-PORCINI ALLA BOLOGNESE CON SPAGHETTI DI ZUCCA CON AGLIO ARROSTITO

FORMAZIONE:30 minuti cottura: 1 ora e 30 minuti cottura: 35 minuti preparazione: 6 porzioni

SE PENSAVI DI AVER MANGIATOI TUOI ULTIMI SPAGHETTI AL RAGÙ QUANDO HAI ADOTTATO LA PALEO DIETA®, RIPENSACI. QUESTA RICCA BOLOGNESE AROMATIZZATA CON AGLIO, VINO ROSSO E FUNGHI PORCINI TERROSI È ADAGIATA SU DOLCI E DELIZIOSI FILI DI SPAGHETTI DI ZUCCA. LA PASQUA NON TI MANCHERÀ AFFATTO.

- 1 oncia di funghi porcini secchi
- 1 tazza di acqua bollente
- 3 cucchiai di olio extra vergine di oliva
- 1 chilogrammo di bisonte macinato
- 1 tazza di carote tritate finemente (2)
- ½ tazza di cipolla tritata (1 media)
- ½ tazza di sedano tritato finemente (1 gambo)
- 4 spicchi d'aglio, tritati
- 3 cucchiai di concentrato di pomodoro senza sale
- ½ bicchiere di vino rosso
- 2 lattine da 15 once di pomodori schiacciati senza aggiunta di sale
- 1 cucchiaino di origano secco, tritato
- 1 cucchiaino di timo secco, tritato
- ½ cucchiaino di pepe nero
- 1 zucca spaghetti media (da 2½ a 3 libbre)
- 1 testa d'aglio

1. In una ciotolina unire i funghi porcini e l'acqua bollente; lasciare riposare per 15 minuti. Filtrare attraverso un

colino rivestito con una garza di cotone 100%, conservando il liquido di ammollo. Tritare i funghi; accantonare.

2. In un forno olandese da 4-5 litri, scaldare 1 cucchiaio di olio d'oliva a fuoco medio. Aggiungere il bisonte macinato, le carote, la cipolla, il sedano e l'aglio. Cuocere fino a quando la carne sarà rosolata e le verdure saranno tenere, mescolando con un cucchiaio di legno per spezzettare la carne. Aggiungi il concentrato di pomodoro; cuocere e mescolare per 1 minuto. Aggiungi vino rosso; cuocere e mescolare per 1 minuto. Mescolare i funghi porcini, i pomodori, l'origano, il timo e il pepe. Aggiungi il liquido dei funghi messo da parte, facendo attenzione a non aggiungere sabbia o sabbia che potrebbero essere presenti sul fondo della pentola. Portare a ebollizione, mescolando di tanto in tanto; ridurre il calore al minimo. Cuocere a fuoco lento, coperto, per 1 ora e mezza o 2 ore o fino alla consistenza desiderata.

3. Nel frattempo, preriscaldare il forno a 180°C. Dimezzare la zucca nel senso della lunghezza; raschiare i semi. Metti le metà della zucca, con la parte tagliata rivolta verso il basso, in una grande teglia. Con una forchetta bucherellare tutta la pelle. Tagliare la parte superiore di ½ pollice della testa d'aglio. Disporre l'aglio tagliato verso l'alto nella teglia con le zucchine. Condire con 1 cucchiaio di olio d'oliva rimanente. Cuocere per 35-45 minuti o fino a quando le zucchine e l'aglio saranno teneri.

4. Utilizzando un cucchiaio e una forchetta, rimuovete e tritate la polpa di zucca da ciascuna metà di zucca; trasferire in

una ciotola e coprire per mantenerlo al caldo. Quando l'aglio è abbastanza freddo da poter essere maneggiato, spremere il bulbo inferiore per rimuovere gli spicchi. Usa una forchetta per schiacciare gli spicchi d'aglio. Mescolare l'aglio tritato alle zucchine, distribuendolo uniformemente. Per servire, versare la salsa sul composto di zucchine.

PEPERONCINO DI BISONTE CON CARNE

FORMAZIONE:25 minuti Tempo di cottura: 1 ora e 10 minuti Per: 4 porzioni

CIOCCOLATO NON ZUCCHERATO, CAFFÈ E CANNELLAAGGIUNGI INTERESSE A QUESTO PREFERITO COERENTE. SE VUOI UN SAPORE ANCORA PIÙ AFFUMICATO, SOSTITUISCI LA PAPRIKA NORMALE CON 1 CUCCHIAIO DI PAPRIKA DOLCE AFFUMICATA.

- 3 cucchiai di olio extra vergine di oliva
- 1 chilogrammo di bisonte macinato
- ½ tazza di cipolla tritata (1 media)
- 2 spicchi d'aglio, tritati
- 2 lattine da 14,5 once di pomodori tagliati a dadini senza aggiunta di sale, non pelati
- 1 lattina da 6 once di concentrato di pomodoro non salato
- 1 tazza di brodo di ossa di manzo (vedi_ricetta_) o brodo di carne non salato
- ½ tazza di caffè forte
- Barretta da forno da 2 once 99% cacao, tritato
- 1 cucchiaio di paprika
- 1 cucchiaino di cumino macinato
- 1 cucchiaino di origano secco
- 1 cucchiaino e mezzo di spezie affumicate (vedi_ricetta_)
- ½ cucchiaino di cannella in polvere
- ⅓ tazza di crocchette
- 1 cucchiaino di olio d'oliva
- ½ tazza di crema di anacardi (vedi_ricetta_)
- 1 cucchiaino di succo di limone fresco
- ½ tazza di foglie di coriandolo fresco
- 4 fette di lime

1. In un forno olandese, scalda i 3 cucchiai di olio d'oliva a fuoco medio. Aggiungere il bisonte macinato, la cipolla e

l'aglio; cuocere circa 5 minuti o fino a quando la carne sarà dorata, mescolando con un cucchiaio di legno per spezzettare la carne. Incorporare i pomodori non secchi, il concentrato di pomodoro, il brodo di ossa di manzo, il caffè, il cioccolato da forno, la paprika, il cumino, l'origano, 1 cucchiaino di pimento e la cannella. Portare ad ebollizione; ridurre il calore. Cuocere a fuoco lento, coperto, per 1 ora, mescolando di tanto in tanto.

2. Nel frattempo, in un pentolino, friggere le pepitas in 1 cucchiaino di olio d'oliva a fuoco medio finché non iniziano a penetrare e diventano dorate. Metti la pepita in una piccola ciotola; aggiungere il restante ½ cucchiaino di spezia affumicata; gettare per coprire.

3. In una piccola ciotola unire la crema di anacardi e il succo di limone.

4. Per servire, versare il peperoncino nelle ciotole. Porzioni superiori con crema di anacardi, pepitas e coriandolo. Servire con spicchi di lime.

BISTECCHE DI BISONTE SPEZIATE MAROCCHINE CON LIMONI GRIGLIATI

FORMAZIONE:10 minuti grill: 10 minuti per: 4 porzioni

SERVI QUESTE BISTECCHE VELOCICON INSALATA DI CAROTE CONDITA FREDDA E CROCCANTE (VEDI<u>RICETTA</u>). SE HAI VOGLIA DI QUALCOSA DI SPECIALE, ANANAS GRIGLIATO CON CREMA AL COCCO (VEDI<u>RICETTA</u>) SAREBBE UN OTTIMO MODO PER CONCLUDERE IL PASTO.

- 2 cucchiai di cannella in polvere
- 2 cucchiai di paprica
- 1 cucchiaio di aglio in polvere
- ¼ cucchiaino di pepe di cayenna
- 4 bistecche di filetto mignon di bisonte da 6 once, tagliate da ¾ a 1 pollice di spessore
- 2 limoni, tagliati a metà orizzontalmente

1. In una piccola ciotola, mescolare la cannella, la paprika, l'aglio in polvere e il pepe di cayenna. Asciugare le bistecche con carta assorbente. Strofina entrambi i lati della bistecca con la miscela di spezie.

2. Per una griglia a carbone o a gas, posizionare le bistecche direttamente sulla griglia a fuoco medio. Coprire e grigliare per 10-12 minuti per medio-raro (145 °F) o 12-15 minuti per medio (155 °F), girando una volta a metà cottura. Nel frattempo, posizionare le metà del limone, con la parte tagliata rivolta verso il basso, su una gratella. Friggere per 2 o 3 minuti o fino a quando saranno leggermente carbonizzati e succosi.

3. Servire con metà di limone grigliate da spremere sopra le bistecche.

BISTECCA DI LOMBO DI BISONTE STROFINATA CON ERBE DI PROVENZA

FORMAZIONE: 15 minuti cottura: 15 minuti arrosto: 1 ora 15 minuti riposo: 15 minuti preparazione: 4 porzioni

LE ERBE DI PROVENZA SONO UNA MISCELA DI ERBE ESSICCATE CHE CRESCONO IN ABBONDANZA NEL SUD DELLA FRANCIA. LA MISCELA DI SOLITO CONTIENE UNA COMBINAZIONE DI BASILICO, SEMI DI FINOCCHIO, LAVANDA, MAGGIORANA, ROSMARINO, SALVIA, TIMO ESTIVO E TIMO. CONDISCE MAGNIFICAMENTE QUESTA BISTECCA MOLTO AMERICANA.

- 1 bistecca di bisonte da 3 kg
- 3 cucchiai di erbe di Provenza
- 4 cucchiai di olio extra vergine di oliva
- 3 spicchi d'aglio, tritati
- 4 pastinache piccole, pulite e tritate
- 2 pere mature, private del torsolo e tritate
- ½ tazza di nettare di pera non zuccherato
- 1 o 2 cucchiaini di timo fresco

1. Preriscaldare il forno a 180°C. Eliminare il grasso dalla bistecca. In una piccola ciotola unire le erbe di Provenza, 2 cucchiai di olio d'oliva e l'aglio; strofinare tutta la bistecca.

2. Metti la bistecca su una griglia in una piccola padella. Inserisci un termometro da forno al centro dell'arrosto.* Arrosto, senza coperchio, per 15 minuti. Ridurre la temperatura del forno a 300 ° F. Arrostire per 60-65 minuti in più o finché un termometro per carne non

registra 140 ° F (mediamente cotta). Coprire con pellicola e lasciare riposare per 15 minuti.

3. Nel frattempo, in una padella capiente, scalda i restanti 2 cucchiai di olio d'oliva a fuoco medio. Aggiungi pastinaca e pere; cuocere per 10 minuti o fino a quando le pastinache saranno morbide e croccanti, mescolando di tanto in tanto. Aggiungi il nettare di pera; cuocere circa 5 minuti o finché la salsa non si addensa leggermente. Cospargere di timo.

4. Tagliare la bistecca sottilmente lungo la venatura. Servire la carne con pastinaca e pere.

*Suggerimento: il bisonte è molto magro e cuoce più velocemente del manzo. Inoltre, il colore della carne è più rosso di quello del manzo, quindi non puoi fare affidamento su un segnale visivo per determinare la cottura. Avrai bisogno di un termometro per carne per sapere quando la carne è cotta. Un termometro da forno è l'ideale, anche se non è necessario.

COSTOLETTE DI BISONTE BRASATE AL CAFFÈ CON GREMOLATA DI MANDARINI E PUREA DI SEDANO RAPA

FORMAZIONE:15 minuti tempo di cottura: 2 ore e 45 minuti per una preparazione: 6 porzioni

LE COSTOLETTE DI BISONTE SONO GRANDI E CARNOSE.RICHIEDONO UNA BUONA E LUNGA COTTURA IN LIQUIDO PER DIVENTARE TENERI. LA GREMOLATA A BASE DI BUCCIA DI MANDARINO RAVVIVA IL SAPORE DI QUESTO PIATTO SOSTANZIOSO.

MARINATO

- 2 tazze d'acqua
- 3 tazze di caffè forte e freddo
- 2 tazze di succo di mandarino fresco
- 2 cucchiai di rosmarino fresco tritato
- 1 cucchiaino di pepe nero macinato grossolanamente
- 4 libbre di costolette di bisonte, tagliate tra le costole per separarle

BOLLIRE SOFFOCATO

- 2 cucchiai di olio d'oliva
- 1 cucchiaino di pepe nero
- 2 tazze di cipolla tritata
- ½ tazza di scalogno tritato
- 6 spicchi d'aglio, tritati
- 1 peperoncino jalapeño, senza semi e tritato (vedi mancia)
- 1 tazza di caffè forte
- 1 tazza di brodo di ossa di manzo (vedi ricetta) o brodo di carne non salato
- ¼ di tazza di Paleo Ketchup (vedi ricetta)

2 cucchiai di senape di Digione (vedi_ricetta_)

3 cucchiai di aceto di sidro

Purea di sedano rapa (vedi_ricetta_, inferiore)

Gremolata al mandarino (vedi_ricetta_, Giusto)

1. Per la marinata, in un grande contenitore non reattivo (vetro o acciaio inossidabile) unire l'acqua, il caffè freddo, il succo di mandarino, il rosmarino e il pepe nero. Aggiungi le costole. Se necessario, posizionare un piatto sopra le costole per tenerle sommerse. Coprire e raffreddare per 4-6 ore, riorganizzando e mescolando una volta.

2. Per il brasato, preriscaldare il forno a 180°C. Scolate le costine, eliminando la marinata. Asciugare le costolette con carta assorbente. In un grande forno olandese, scaldare l'olio d'oliva a fuoco medio-alto. Condire le costolette con pepe nero. Rosolare le costole in lotti fino a doratura su tutti i lati, circa 5 minuti per lotto. Trasferire su un piatto grande.

3. Aggiungi la cipolla, lo scalogno, l'aglio e il jalapeño nella pentola. Ridurre il fuoco a medio, coprire e cuocere fino a quando le verdure saranno tenere, mescolando di tanto in tanto, per circa 10 minuti. Aggiungere caffè e brodo; mescolare, raschiando i pezzetti dorati. Aggiungi Paleo Ketchup, senape alla Digione e aceto. Portare ad ebollizione. Aggiungi le costole. Coprire e trasferire al forno. Cuocere fino a quando la carne sarà tenera, circa 2 ore e 15 minuti, mescolando delicatamente e riorganizzando le costole una o due volte.

4. Trasferisci le costolette su un piatto; tenda con pellicola per stare al caldo. Con il cucchiaio di grasso sulla superficie

della salsa. Far bollire la salsa fino a ridurla a 2 tazze, circa 5 minuti. Dividere la purea di sedano rapa in 6 piatti; coprire con costolette e salsa. Cospargere con Gremolata al mandarino.

Purea di sedano rapa: in una pentola capiente, unire 1,5 kg di radice di sedano, sbucciata e tagliata in pezzi da 1 pollice, e 4 tazze di brodo di ossa di pollo (vedi<u>ricetta</u>) o brodo di pollo non salato. Portare ad ebollizione; ridurre il calore. Scolare la radice di sedano, riservando il brodo. Metti la radice di sedano nella casseruola. Aggiungere 1 cucchiaio di olio d'oliva e 2 cucchiaini di timo appena tritato. Utilizzando uno schiacciapatate, schiacciare la radice di sedano, aggiungendo il brodo messo da parte qualche cucchiaio alla volta secondo necessità per ottenere la consistenza desiderata.

Gremolata al mandarino: in una piccola ciotola, unire ½ tazza di prezzemolo fresco tritato, 2 cucchiai di buccia di mandarino tritata finemente e 2 spicchi d'aglio tritati.

BRODO DI OSSA DI MANZO

FORMAZIONE:25 minuti Arrosto: 1 ora Cottura: 8 ore Per: da 8 a 10 tazze

DALLE CODE ALLA VACCINARA DISOSSATE SI OTTIENE UN BRODO DAL GUSTO ESTREMAMENTE RICCOCHE PUÒ ESSERE UTILIZZATO IN QUALSIASI RICETTA CHE RICHIEDA BRODO DI MANZO O SEMPLICEMENTE GUSTATO COME CONTORNO A UNA TAZZA IN QUALSIASI MOMENTO DELLA GIORNATA. SEBBENE ORIGINARIAMENTE PROVENISSERO DA UN BUE, ORA LE CODI DI BUE PROVENGONO DA UN ANIMALE DA CARNE.

- 5 carote, tritate grossolanamente
- 5 gambi di sedano, tritati grossolanamente
- 2 cipolle gialle, non sbucciate, tagliate a metà
- 8 once di funghi bianchi
- 1 testa d'aglio, non sbucciata, tagliata a metà
- 2 chilogrammi di ossa di coda di bue o di manzo
- 2 pomodori
- 12 tazze di acqua fredda
- 3 foglie di alloro

1. Preriscaldare il forno a 400 ° F. In una padella dai bordi larghi o in una pirofila piccola, disporre le carote, il sedano, la cipolla, i funghi e l'aglio; posizionare le ossa sopra le verdure. In un robot da cucina, frullare i pomodori fino a renderli omogenei. Distribuire i pomodori sulle ossa per ricoprirli (va bene se un po' di purea cola sulla padella e sulle verdure). Arrostire per 1 ora o 1 ora e mezza o fino a quando le ossa diventano marroni e le verdure caramellate. Trasferisci le ossa e le verdure in un forno o pentola olandese da 10-12 litri. (Se parte del composto di pomodoro si caramella sul fondo

della padella, aggiungere 1 tazza di acqua calda nella padella e raschiare eventuali grumi. Versare il liquido sulle ossa e sulle verdure e ridurre l'acqua di 1 tazza.) Aggiungere freddo. acqua e foglie di alloro.

2. Porta lentamente la miscela a ebollizione a fuoco da medio-alto a alto. Riduce il calore; coprire e cuocere a fuoco lento il brodo per 8-10 ore, mescolando di tanto in tanto.

3. Filtrare il brodo; scartare ossa e verdure. brodo freddo; trasferire il brodo in contenitori di conservazione e conservare in frigorifero per un massimo di 5 giorni; congelare fino a 3 mesi.*

Istruzioni per la cottura lenta: per una pentola a cottura lenta da 6 a 8 litri, utilizzare 1 libbra di ossa di manzo, 3 carote, 3 gambi di sedano, 1 cipolla gialla e 1 spicchio d'aglio. Passare 1 pomodoro e strofinare sulle ossa. Arrostire come indicato, quindi trasferire le ossa e le verdure nella pentola a cottura lenta. Rimuovere eventuali pomodori caramellati come indicato e aggiungerli nella pentola a cottura lenta. Aggiungi abbastanza acqua da coprire. Coprire e cuocere a fuoco vivace finché il brodo non arriva a ebollizione, circa 4 ore. Ridurre all'impostazione bassa; cuocere per 12-24 ore. Filtrare il brodo; scartare ossa e verdure. Conservare come indicato.

*Suggerimento: per rimuovere facilmente il grasso dal brodo, conservare il brodo in frigorifero in un contenitore coperto per tutta la notte. Il grasso salirà in superficie e formerà uno strato compatto che potrà essere facilmente rimosso. Il brodo potrebbe addensarsi dopo il raffreddamento.

SPALLA DI MAIALE TUNISINA SPEZIATA CON PATATE DOLCI PICCANTI

FORMAZIONE: 25 minuti arrosto: 4 ore cottura: 30 minuti preparazione: 4 porzioni

QUESTO È UN OTTIMO PIATTO DA PREPARARE IN UNA FRESCA GIORNATA AUTUNNALE. LA CARNE CUOCE PER ORE NEL FORNO, DONANDO ALLA TUA CASA UN PROFUMO MERAVIGLIOSO E DANDOTI IL TEMPO DI FARE ALTRE COSE. LE PATATE DOLCI AL FORNO NON DIVENTANO CROCCANTI COME LE PATATE BIANCHE, MA SONO DELIZIOSE A MODO LORO, SOPRATTUTTO SE IMMERSE NELLA MAIONESE ALL'AGLIO.

MAIALE

- 1 bistecca di spalla di maiale con osso da 2½ a 3 libbre
- 2 cucchiaini di pepe d'acciughe macinato
- 2 cucchiaini di cumino macinato
- 1 cucchiaino di semi di cumino, leggermente schiacciati
- 1 cucchiaino di coriandolo macinato
- ½ cucchiaino di curcuma macinata
- ¼ cucchiaino di cannella in polvere
- 3 cucchiai di olio d'oliva

PATATINE FRITTE

- 4 patate dolci medie (circa 2 libbre), sbucciate e tagliate a fette spesse ½ pollice
- ½ cucchiaino di pepe rosso macinato
- ½ cucchiaino di cipolla in polvere
- ½ cucchiaino di aglio in polvere
- Olio d'oliva
- 1 cipolla, affettata sottilmente
- Paleo Aïoli (maionese all'aglio) (vedi ricetta)

1. Preriscaldare il forno a 180°C. Eliminare il grasso dalla carne. In una piccola ciotola, unire il peperone macinato, il cumino macinato, i semi di cumino, il coriandolo, la curcuma e la cannella. Cospargere la carne con una miscela di spezie; usando le dita, strofinare uniformemente la carne.

2. In un forno olandese da 5 a 6 litri, scaldare 1 cucchiaio di olio d'oliva a fuoco medio-alto. Rosolare la carne di maiale su tutti i lati in olio bollente. Coprire e arrostire per circa 4 ore o fino a quando sarà molto tenero e un termometro per carne registrerà 190°F. Togli la Dutch Oven dal forno. Lascia riposare, coperto, mentre prepari le patatine fritte e le cipolle, conservando 1 cucchiaio di grasso nel forno olandese.

3. Aumentare la temperatura del forno a 400°F. Per le patatine fritte, in una ciotola capiente unire le patate dolci, i restanti 2 cucchiai di olio d'oliva, il peperoncino tritato, la cipolla in polvere e l'aglio; gettare per coprire. Fodera una teglia grande o due piccole con un foglio di alluminio; spennellare con ulteriore olio d'oliva. Disporre le patate dolci in un unico strato sulle teglie preparate. Cuocere per circa 30 minuti o fino a quando saranno tenere, girando le patate dolci una volta a metà cottura.

4. Nel frattempo, rimuovi la carne dal forno olandese; coprire con un foglio di alluminio per mantenerlo al caldo. Scolare gli sgocciolamenti, riservando 1 cucchiaio di grasso. Metti il grasso riservato nel forno olandese. Aggiungi la cipolla; cuocere a fuoco medio per circa 5 minuti o fino a quando saranno teneri, mescolando di tanto in tanto.

5. Trasferisci il maiale e le cipolle su un piatto da portata. Utilizzando due forchette, tagliare il maiale a pezzi grandi. Servire maiale stirato e patatine fritte con Paleo Aïoli.

SPALLA DI MAIALE ALLA GRIGLIA CUBANA

FORMAZIONE:15 minuti Marinatura: 24 ore Grill: 2 ore e 30 minuti Stand: 10 minuti Per: da 6 a 8 porzioni

CONOSCIUTO COME "LECHON ASADO" NEL SUO PAESE D'ORIGINE,QUESTO ARROSTO DI MAIALE VIENE MARINATO IN UNA COMBINAZIONE DI SUCCHI DI AGRUMI FRESCHI, SPEZIE, PEPERONCINO MACINATO E UN INTERO BULBO DI AGLIO TRITATO. LA COTTURA SUI CARBONI ARDENTI DOPO ESSERE STATA IMMERSA PER UNA NOTTE NELLA MARINATA GLI CONFERISCE UN SAPORE STRAORDINARIO.

1 testa d'aglio, spicchi separati, sbucciati e tritati
1 tazza di cipolla tritata grossolanamente
1 tazza di olio d'oliva
1⅓ tazze di succo di limone fresco
⅔ tazza di succo d'arancia fresco
1 cucchiaio di cumino macinato
1 cucchiaio di origano secco, tritato
2 cucchiaini di pepe nero appena macinato
1 cucchiaino di pepe rosso macinato
1 bistecca di spalla di maiale disossata da 4 a 5 libbre

1. Per la marinata, separare la testa d'aglio in spicchi. Pulite e tritate gli spicchi; mettere in una grande ciotola. Aggiungere la cipolla, l'olio d'oliva, il succo di lime, il succo d'arancia, il cumino, l'origano, il pepe nero e il peperoncino macinato. Mescolare bene e mettere da parte.

2. Usando un coltello per disossare, incidere profondamente tutta la bistecca di maiale. Immergere con cura la bistecca

nella marinata, immergendola il più possibile nel liquido. Copri bene la ciotola con la pellicola trasparente. Marinare in frigorifero per 24 ore, girando una volta.

3. Rimuovere il maiale dalla marinata. Versare la marinata in una casseruola media. Portare ad ebollizione; far bollire per 5 minuti. Toglilo dal fuoco e lascialo raffreddare. Accantonare.

4. Per una griglia a carbone, disporre i carboni ardenti medi attorno a una leccarda. Fai la prova a fuoco medio in padella. Disporre la carne sulla griglia sopra la leccarda. Coprire e grigliare per 2 ore e mezza o 3 ore o finché un termometro a lettura istantanea inserito al centro della bistecca non registra 140 ° F. (Per una griglia a gas, preriscaldare la griglia. Ridurre il calore a medio. Regolare per la cottura indiretta. Posizionare la carne sulla griglia sopra il bruciatore spento. Coprire anche la griglia come indicato.) Rimuovere la carne dalla griglia. Coprire liberamente con un foglio di alluminio e lasciare riposare per 10 minuti prima di tagliare o tirare.

ARROSTO DI MAIALE ITALIANO SPEZIATO CON VERDURE

FORMAZIONE:20 minuti arrosto: 2 ore 25 minuti in stand-by: 10 minuti per la preparazione: 8 porzioni

"FRESCO È MEGLIO" È UN BUON MANTRADA SEGUIRE QUANDO SI TRATTA DI CUCINARE LA MAGGIOR PARTE DEL TEMPO. TUTTAVIA, LE ERBE ESSICCATE FUNZIONANO MOLTO BENE NEI PIATTI DI CARNE. QUANDO LE ERBE VENGONO ESSICCATE, I LORO SAPORI SONO CONCENTRATI. A CONTATTO CON L'UMIDITÀ DELLA CARNE, SPRIGIONA AL SUO INTERNO I SUOI SAPORI, COME IN QUESTA BISTECCA ALL'ITALIANA AROMATIZZATA CON PREZZEMOLO, FINOCCHIO, ORIGANO, AGLIO E PEPERONCINO.

- 2 cucchiai di prezzemolo secco, tritato
- 2 cucchiai di semi di finocchio tritati
- 4 cucchiaini di origano secco, tritato
- 1 cucchiaino di pepe nero appena macinato
- ½ cucchiaino di pepe rosso macinato
- 4 spicchi d'aglio, tritati
- 1 bistecca di spalla di maiale con osso da 4 kg
- 1 o 2 cucchiai di olio d'oliva
- 1¼ tazza d'acqua
- 2 cipolle medie, sbucciate e tagliate a fette
- 1 bulbo di finocchio grande, mondato, privato del torsolo e affettato
- 2 kg di cavoletti di Bruxelles

1. Preriscaldare il forno a 180°C. In una piccola ciotola unire il prezzemolo, i semi di finocchio, l'origano, il pepe nero, il peperoncino tritato e l'aglio; accantonare. Se necessario, scartare l'arrosto di maiale. Eliminare il grasso dalla

carne. Strofinare la carne su tutti i lati con la miscela di spezie. Se lo si desidera, riannodare la bistecca per tenerla insieme.

2. In un forno olandese, scaldare l'olio a fuoco medio-alto. Rosolare la carne su tutti i lati nell'olio caldo. Scolare il grasso. Versare l'acqua nella Dutch Oven attorno alla bistecca. Arrosto, scoperto, per 1 ora e mezza. Disporre la cipolla e il finocchio attorno all'arrosto di maiale. Coprire e arrostire per altri 30 minuti.

3. Nel frattempo, mondate i cavoletti di Bruxelles ed eliminate le foglie esterne appassite. Tagliare i cavoletti di Bruxelles a metà. Aggiungi i cavoletti di Bruxelles al forno olandese, disponendoli sopra le altre verdure. Coprire e arrostire per altri 30-35 minuti o fino a quando le verdure e la carne saranno tenere. Trasferire la carne su un piatto da portata e coprire con un foglio di alluminio. Lasciare riposare per 15 minuti prima di affettare. Condire le verdure con i succhi di padella per ricoprirle. Usando un cucchiaio forato, rimuovi le verdure nel piatto da portata o nella ciotola; coprire per mantenersi al caldo.

4. Utilizzando un cucchiaio grande, scremare il grasso dai succhi della padella. Versare il restante fondo di cottura attraverso un colino. Tagliare il maiale, eliminando l'osso. Servire la carne con verdure e succhi di padella.

FILETTO DI MAIALE AL FORNO LENTO

FORMAZIONE: 20 minuti Cottura lenta: da 8 a 10 ore (bassa) o da 4 a 5 ore (alta) Per: 8 porzioni

CON CUMINO, CORIANDOLO, ORIGANO, POMODORI, MANDORLE, UVETTA, PEPERONCINO E CIOCCOLATO, QUESTA SALSA RICCA E PICCANTE HA MOLTO DA OFFRIRE, IN UN OTTIMO MODO. È UN PASTO IDEALE PER INIZIARE LA MATTINA PRIMA DI INIZIARE LA GIORNATA. QUANDO TORNI A CASA, LA CENA È QUASI FINITA E LA TUA CASA HA UN PROFUMO FANTASTICO.

- 1 bistecca di spalla di maiale disossata da 3 kg
- 1 tazza di cipolla tritata grossolanamente
- 3 spicchi d'aglio, tagliati a fette
- 1 tazza e ½ di brodo di ossa di manzo (vedi ricetta), zuppa di ossa di pollo (vedi ricetta), oppure zuppa di manzo o pollo non salata
- 1 cucchiaio di cumino macinato
- 1 cucchiaio di coriandolo macinato
- 2 cucchiaini di origano secco, tritato
- 1 lattina da 15 once di pomodori non salati, tagliati a cubetti, scolati
- 1 lattina da 6 once di concentrato di pomodoro senza sale aggiunto
- ½ tazza di mandorle a fette, tostate (vedi mancia)
- ¼ di tazza di uvetta non solforata o ribes dorato
- 2 once di cioccolato non zuccherato (come la barretta di cacao Scharffen Berger al 99%), tritato grossolanamente
- 1 peperoncino intero essiccato o chipotle
- 2 bastoncini di cannella da 4 pollici
- ¼ tazza di coriandolo fresco tritato
- 1 avocado, sbucciato, senza semi e tagliato a fettine sottili
- 1 lime, affettato
- ⅓ tazza di semi di zucca verde tostati e non salati (facoltativo) (vedi mancia)

1. Eliminare il grasso dall'arrosto di maiale. Se necessario, tagliare la carne per adattarla a una pentola a cottura lenta da 5 a 6 litri; accantonare.

2. Nella pentola a cottura lenta, unisci la cipolla e l'aglio. In un misurino di vetro da 2 tazze, unisci il brodo di ossa di manzo, il cumino, il coriandolo e l'origano; versare nel fornello. Incorporate i pomodori a dadini, il concentrato di pomodoro, le mandorle, l'uvetta, il cioccolato, i peperoncini secchi e le stecche di cannella. Metti la carne nel fornello. Completare con un cucchiaio di composto di pomodoro. Coprire e cuocere a fuoco basso per 8-10 ore o a fuoco alto per 4-5 ore o fino a quando la carne di maiale sarà tenera.

3. Trasferisci la carne di maiale su un tagliere; si raffredda leggermente. Utilizzando due forchette, tagliare la carne a pezzetti. Coprire la carne con un foglio di alluminio e mettere da parte.

4. Rimuovere ed eliminare il pepe secco e i bastoncini di cannella. Utilizzando un cucchiaio grande, eliminare il grasso dal composto di pomodoro. Trasferisci il composto di pomodoro in un frullatore o in un robot da cucina. Coprire e frullare o lavorare fino a ottenere un composto quasi liscio. Metti il maiale stirato e la salsa nella pentola a cottura lenta. Tenere al caldo a fuoco basso fino al momento di servire, fino a 2 ore.

5. Poco prima di servire, aggiungi il coriandolo. Servire il mole in ciotole e guarnire con fette di avocado, spicchi di lime e, se lo si desidera, semi di zucca.

SPEZZATINO DI MAIALE E ZUCCA CONDITO CON CUMINO

FORMAZIONE: 30 minuti tempo di cottura: 1 ora Per: 4 porzioni

SENAPE CON PEPE E ZUCCA AGGIUNGE COLORI VIVACI E MOLTE VITAMINE, OLTRE A FIBRE E ACIDO FOLICO, A QUESTO STUFATO SPEZIATO DAI SAPORI DELL'EUROPA ORIENTALE.

Bistecca di spalla di maiale da 1 ¼ a 1 ½ libbra

1 cucchiaio di paprika

1 cucchiaio di semi di cumino, tritati finemente

2 cucchiaini di senape secca

¼ cucchiaino di pepe di cayenna

2 cucchiai di olio di cocco raffinato

8 once di funghi champignon freschi, affettati sottilmente

2 gambi di sedano, tagliati trasversalmente a fette da 1 pollice

1 cipolla rossa piccola, tagliata a fettine sottili

6 spicchi d'aglio, tritati

5 tazze di brodo di ossa di pollo (vedi_ricetta_) o brodo di pollo non salato

2 tazze di zucca butternut tagliata a dadini, sbucciata

3 tazze di senape o cavolo verde tritati grossolanamente

2 cucchiai di salvia fresca tritata

¼ tazza di succo di limone fresco

1. Eliminare il grasso dal maiale. Tagliare la carne di maiale a cubetti da 1½ pollice; mettere in una grande ciotola. In una piccola ciotola, unisci la paprika, i semi di cumino, la senape secca e il pepe di cayenna. Cospargere la carne di maiale, mescolando per ricoprirla uniformemente.

2. In un forno olandese da 4-5 litri, scaldare l'olio di cocco a fuoco medio. Aggiungi metà della carne; cuocere fino a doratura, mescolando di tanto in tanto. Togliere la carne

dalla padella. Ripeti con il resto della carne. Metti da parte la carne.

3. Aggiungi i funghi, il sedano, la cipolla rossa e l'aglio nel forno olandese. Cuocere per 5 minuti, mescolando di tanto in tanto. Riporta la carne nel forno olandese. Aggiungere con cautela il brodo di ossa di pollo. Portare ad ebollizione; ridurre il calore. Coprire e cuocere a fuoco lento per 45 minuti. Unire le zucchine. Coprire e cuocere a fuoco lento per altri 10-15 minuti o fino a quando il maiale e la zucca saranno teneri. Incorporare la senape e la salvia. Cuocere per 2-3 minuti o fino a quando le verdure saranno tenere. Mescolare il succo di limone.

BISTECCA RIPIENA DI FRUTTA CON SALSA AL BRANDY

FORMAZIONE:30 minuti Cottura: 10 minuti Arrosto: 1 ora e 15 minuti Stand: 15 minuti
Per: da 8 a 10 porzioni

QUESTA ELEGANTE BISTECCA È PERFETTA PERUN'OCCASIONE SPECIALE O UNA RIUNIONE DI FAMIGLIA, SOPRATTUTTO IN AUTUNNO. I SUOI SAPORI - MELA, NOCE MOSCATA, FRUTTA SECCA E NOCI PECAN - CATTURANO L'ESSENZA DI QUELLA STAGIONE. SERVIRLO CON PURÈ DI PATATE DOLCI, INSALATA DI MIRTILLI ROSSI E BARBABIETOLE ARROSTITE (VEDI<u>RICETTA</u>).

BISTECCA

1 cucchiaio di olio d'oliva

2 tazze di mele Granny Smith tritate e sbucciate (circa 2 medie)

1 scalogno, tritato finemente

1 cucchiaio di timo fresco tritato

¾ cucchiaino di pepe nero appena macinato

⅛ cucchiaino di noce moscata macinata

½ tazza di albicocche secche tritate senza zolfo

¼ di tazza di noci pecan tritate e tostate (vedi<u>mancia</u>)

1 tazza di brodo di ossa di pollo (vedi<u>ricetta</u>) o brodo di pollo non salato

1 bistecca di maiale disossata da 3 libbre (boccone singolo)

SALSA AL BRANDY

2 cucchiai di sidro di mele

2 cucchiai di brandy

1 cucchiaino di senape di Digione (vedi<u>ricetta</u>)

Pepe nero appena macinato

1. Per il ripieno, in una padella capiente, scaldare l'olio d'oliva a fuoco medio. Aggiungi mele, scalogno, timo, ¼ di cucchiaino di pepe e noce moscata; cuocere da 2 a 4

minuti o fino a quando le mele e gli scalogni saranno teneri e leggermente dorati, mescolando di tanto in tanto. Mescolare le albicocche, le noci pecan e 1 cucchiaio di brodo. Cuocere, senza coperchio, per 1 minuto per ammorbidire le albicocche. Togliere dal fuoco e mettere da parte.

2. Preriscaldare il forno a 180°C. Svasare la bistecca di maiale facendo un taglio longitudinale al centro della bistecca, tagliando fino a ½ pollice dall'altro lato. Apri la bistecca. Posiziona il coltello nel taglio a V con la faccia orizzontale su un lato della V e taglia fino a ½ pollice dal lato. Ripetere sull'altro lato della V. Allargare la bistecca e coprire con pellicola trasparente. Lavorando dal centro verso i bordi, battere la bistecca con un batticarne finché non avrà uno spessore di circa ¾ di pollice. Rimuovere ed eliminare la pellicola trasparente. Distribuire il ripieno sopra la bistecca. Partendo dal lato corto, arrotolate la bistecca formando una spirale. Legare con spago da cucina in cotone 100% in più punti per tenere insieme la bistecca. Cospargere la bistecca con il rimanente ½ cucchiaino di pepe.

3. Metti la bistecca su una griglia in una piccola padella. Inserire un termometro da forno al centro dell'arrosto (non nel ripieno). Arrostire, scoperto, per 1 ora e 15 minuti a 1 ora e 30 minuti o finché un termometro non registra 145 ° F. Rimuovere la bistecca e coprire liberamente con un foglio di alluminio; lasciarlo riposare per 15 minuti prima di tagliarlo a fette.

4. Nel frattempo, per la salsa al brandy, sbatti il brodo rimanente e il sidro di mele nella padella, mescolando per eliminare eventuali pezzetti dorati. Filtra il gocciolamento in una casseruola media. Portare ad ebollizione; cuocere circa 4 minuti o fino a quando la salsa si sarà ridotta di un terzo. Mescolare con brandy e senape alla Digione. Condire a piacere con ulteriore pepe. Servire la salsa con l'arrosto di maiale.

ARROSTO DI MAIALE ALLA PORCHETTA

FORMAZIONE: 15 minuti Marinatura: Per tutta la notte: 40 minuti Arrosto: 1 ora Per: 6 porzioni

PORCHETTA ITALIANA TRADIZIONALE(A VOLTE PORKETTA DI FARRO NELL'INGLESE AMERICANO) È UN MAIALINO DA LATTE DISOSSATO RIPIENO DI AGLIO, FINOCCHIO, PEPE ED ERBE COME SALVIA O ROSMARINO, POI SPIEDATO E ARROSTITO SU LEGNA. DI SOLITO È ANCHE MOLTO SALATO. QUESTA VERSIONE PALEO È SEMPLIFICATA E MOLTO GUSTOSA. SE LO SI DESIDERA, SOSTITUIRE LA SALVIA CON ROSMARINO FRESCO OPPURE UTILIZZARE UNA MISCELA DELLE DUE ERBE.

- 1 arrosto di maiale disossato da 2 a 3 libbre
- 2 cucchiai di semi di finocchio
- 1 cucchiaino di pepe nero in grani
- ½ cucchiaino di pepe rosso macinato
- 6 spicchi d'aglio, tritati
- 1 cucchiaio di scorza d'arancia tritata finemente
- 1 cucchiaio di salvia fresca tritata
- 3 cucchiai di olio d'oliva
- ½ bicchiere di vino bianco secco
- ½ tazza di brodo di ossa di pollo (vediricetta) o brodo di pollo non salato

1. Togliere l'arrosto di maiale dal frigorifero; lasciarlo riposare a temperatura ambiente per 30 minuti. Nel frattempo, in una padella piccola, tostare i semi di finocchio a fuoco medio, mescolando spesso, per circa 3 minuti o fino a quando diventano scuri e fragranti; Freddo Trasferire in un macinaspezie o in un macinacaffè pulito. Aggiungere i

grani di pepe e il peperoncino tritato. Macinare ad una consistenza medio-fine. (Non ridurre in polvere.)

2. Preriscaldare il forno a 180°C. In una piccola ciotola unire le spezie macinate, l'aglio, la scorza d'arancia, la salvia e l'olio d'oliva per formare una pasta. Disporre l'arrosto di maiale sulla griglia in un pentolino. Strofina il composto su tutta la carne di maiale. (Se lo si desidera, posizionare il maiale stagionato in una teglia di vetro da 9 × 13 × 2 pollici. Coprire con pellicola trasparente e conservare in frigorifero per una notte a marinare. Trasferire la carne in una padella prima della cottura e lasciarla a temperatura ambiente per 30 minuti prima della cottura...)

3. Arrostire il maiale per 1 ora - 1 ora e mezza o finché un termometro a lettura istantanea inserito al centro dell'arrosto non registra 145°F. Trasferisci la bistecca su un tagliere e copri leggermente con un foglio di alluminio. Lasciare riposare per 10-15 minuti prima di affettare.

4. Nel frattempo, versa il fondo di cottura in un misurino di vetro. Eliminare il grasso dall'alto; accantonare. Metti la padella sul fornello. Versare nella padella il vino e il brodo di ossa di pollo. Portare a ebollizione a fuoco medio-alto, mescolando per raschiare eventuali pezzetti dorati. Far bollire per circa 4 minuti o finché il composto non sarà leggermente ridotto. Mescolare i succhi di padella riservati; tensione. Tagliare il maiale e servire con la salsa.

FILETTO DI MAIALE BRASATO AL TOMATILLO

FORMAZIONE: 40 minuti Cottura: 10 minuti Cottura: 20 minuti Arrosto: 40 minuti Stand: 10 minuti Per: da 6 a 8 porzioni

I TOMATILLI HANNO UNA PELLE APPICCICOSA E SQUAMOSA SOTTO I LORO GUSCI DI CARTA. DOPO AVER PRIVATO LA PELLE, SCIACQUATELI VELOCEMENTE SOTTO L'ACQUA CORRENTE E SONO PRONTI PER L'USO.

- 1 chilogrammo di pomodori pelati con gambo e frittelle
- 4 peperoni serrano, privati del gambo, dei semi e tagliati a metà (vedi *mancia*)
- 2 jalapeños privati del gambo, dei semi e tagliati a metà (vedi *mancia*)
- 1 peperone giallo grande, senza gambo, senza semi e tagliato a metà
- 1 peperone arancione grande, senza gambo, senza semi e tagliato a metà
- 2 cucchiai di olio d'oliva
- 1 bistecca di lombo di maiale disossata da 2 a 2½ libbre
- 1 cipolla gialla grande, sbucciata, tagliata a metà e affettata sottilmente
- 4 spicchi d'aglio, tritati
- ¾ tazza d'acqua
- ¼ tazza di succo di limone fresco
- ¼ tazza di coriandolo fresco tritato

1. Preriscaldare la griglia al massimo. Foderare una teglia con un foglio di alluminio. Disporre i tomatillos, i peperoni serrano, i jalapeños e i peperoni dolci sulla teglia preparata. Arrostire le verdure a 4 pollici dal fuoco finché non saranno ben carbonizzate, girando i pomodori di tanto in tanto e rimuovendo le verdure mentre si carbonizzano, per circa 10-15 minuti. Metti i serranos, i jalapeños e i tomatillos in una ciotola. Disporre i peperoni su un piatto. Metti da parte le verdure a raffreddare.

2. In una padella capiente, scaldare l'olio a fuoco medio-alto finché non diventa luccicante. Asciugare l'arrosto di maiale con carta assorbente pulita e aggiungerlo nella padella. Cuocere fino a quando sarà ben dorata su tutti i lati, facendo dorare uniformemente la bistecca. Trasferisci la bistecca su un piatto. Ridurre il calore a medio. Aggiungi la cipolla nella padella; cuocere e mescolare per 5-6 minuti o fino a doratura. Aggiungere l'aglio; cuocere per 1 altro minuto. Togliere la padella dal fuoco.

3. Preriscaldare il forno a 180°C. Per la salsa di tomatillo, in un robot da cucina o in un frullatore unisci i tomatillos, i serranos e i jalapeños. Coprire e frullare o lavorare fino a che liscio; aggiungere alla cipolla nella padella. Metti la padella sul fuoco. Portare ad ebollizione; cuocere per 4-5 minuti o fino a quando il composto diventa scuro e denso. Mescolare l'acqua, il succo di limone e il coriandolo.

4. Distribuire la salsa di tomatillo in una piccola teglia o in una padella rettangolare da 3 litri. Immergere l'arrosto di maiale nella salsa. Coprire bene con un foglio di alluminio. Arrostire per 40-45 minuti o finché un termometro a lettura istantanea inserito al centro della bistecca non segna 140 ° F.

5. Tagliare i peperoni a listarelle. Mescolare nella salsa di tomatillo nella padella. Tenda leggera con pellicola; lasciarlo riposare per 10 minuti. Carne affettata; mescolare la salsa. Servire le fette di maiale generosamente condite con salsa di tomatillo.

FILETTO DI MAIALE RIPIENO DI ALBICOCCHE

FORMAZIONE:20 minuti arrosto: 45 minuti in stand-by: 5 minuti per la preparazione: da 2 a 3 porzioni

2 albicocche fresche medie, tritate grossolanamente

2 cucchiai di uvetta non solforata

2 cucchiai di noci tritate

2 cucchiaini di zenzero fresco grattugiato

¼ di cucchiaino di cardamomo macinato

1 filetto di maiale da 12 once

1 cucchiaio di olio d'oliva

1 cucchiaio di senape di Digione (vedi<u>ricetta</u>)

¼ cucchiaino di pepe nero

1. Preriscaldare il forno a 180°C. Foderare una teglia con un foglio di alluminio; posizionare una griglia sulla teglia.

2. In una piccola ciotola, mescolare le albicocche, l'uvetta, le noci, lo zenzero e il cardamomo.

3. Fai un taglio longitudinale al centro del maiale, tagliando fino a ½ pollice dall'altro lato. Farfalla aprilo. Metti la carne di maiale tra due strati di pellicola trasparente. Usando il lato piatto di un batticarne, battere delicatamente la carne fino a ottenere uno spessore di circa ⅓ pollice. Piega l'estremità della coda per creare un rettangolo uniforme. Versare delicatamente la carne per ottenere uno spessore uniforme.

4. Distribuire il composto di albicocche sul maiale. Partendo dall'estremità stretta, arrotolare il maiale. Legare con spago da cucina in cotone 100%, prima al centro, poi a intervalli di 1 pollice. Metti la bistecca sulla griglia.

5. Mescolare l'olio d'oliva e la senape di Digione; imbastire la bistecca. Cospargere la bistecca con pepe. Arrostire per 45-55 minuti o fino a quando un termometro a lettura istantanea inserito al centro della bistecca registra 140 ° F. Lasciare riposare per 5-10 minuti prima di affettare.

FILETTO DI MAIALE IN CROSTA DI ERBE CON OLIO ALL'AGLIO CROCCANTE

FORMAZIONE:15 minuti arrosto: 30 minuti cottura: 8 minuti riposo: 5 minuti preparazione: 6 porzioni

⅓ tazza di senape di Digione (vedi ricetta)

¼ di tazza di prezzemolo fresco tritato

2 cucchiai di timo fresco tritato

1 cucchiaio di rosmarino fresco tritato

½ cucchiaino di pepe nero

2 filetti di maiale da 12 once

½ tazza di olio d'oliva

¼ di tazza di aglio fresco tritato

Da ¼ a 1 cucchiaino di pepe rosso macinato

1. Preriscaldare il forno a 450 ° F. Foderare una teglia con un foglio di alluminio; posizionare una griglia sulla teglia.

2. In una piccola ciotola, mescolare la senape, il prezzemolo, il timo, il rosmarino e il pepe nero per formare una pasta. Distribuire il composto di erbe e senape sulla parte superiore e sui lati del maiale. Trasferisci il maiale sulla griglia. Metti la bistecca nel forno; abbassare la temperatura a 375°F. Arrostire per 30-35 minuti o fino a quando un termometro a lettura istantanea inserito al centro della bistecca registra 140 ° F. Lasciare riposare per 5-10 minuti prima di affettare.

3. Nel frattempo, per l'olio all'aglio, in una piccola casseruola unire l'olio d'oliva e l'aglio. Cuocere a fuoco medio-basso per 8-10 minuti o fino a quando l'aglio sarà dorato e inizierà a sfrigolare (non lasciare bruciare l'aglio).

Togliere dal fuoco; mescolare con peperoncino tritato. fetta di maiale; mettere l'olio all'aglio sopra le fette prima di servire.

MAIALE INDIANO SPEZIATO CON SALSA DI COCCO

DALL'INIZIO ALLA FINE: 20 minuti fanno: 2 porzioni

3 cucchiaini di curry in polvere
2 cucchiaini di garam masala non salato
1 cucchiaino di cumino macinato
1 cucchiaino di coriandolo macinato
1 filetto di maiale da 12 once
1 cucchiaio di olio d'oliva
½ tazza di latte di cocco naturale (come quello della marca Nature's Way)
¼ tazza di coriandolo fresco tritato
2 cucchiai di menta fresca tritata

1. In una piccola ciotola mescolare 2 cucchiaini di curry in polvere, garam masala, cumino e coriandolo. Tagliare la carne di maiale a fette spesse ½ pollice; cospargere di spezie. .

2. In una padella capiente, scaldare l'olio d'oliva a fuoco medio. Aggiungi le fette di maiale nella padella; cuocere per 7 minuti, girando una volta. Rimuovere la carne di maiale dalla padella; coprire per mantenersi al caldo. Per la salsa, aggiungi il latte di cocco e il restante 1 cucchiaino di curry in polvere nella padella, mescolando per raschiare i pezzetti. Far bollire per 2 o 3 minuti. Mescolare il coriandolo e la menta. Aggiungi carne di maiale; cuocere fino a quando sarà caldo, mettendo la salsa sul maiale.

SCALOPPINI DI MAIALE CON MELE E CASTAGNE SPEZIATE

FORMAZIONE: 20 minuti tempo di cottura: 15 minuti rende: 4 porzioni

2 filetti di maiale da 12 once
1 cucchiaio di cipolla in polvere
1 cucchiaio di aglio in polvere
½ cucchiaino di pepe nero
Da 2 a 4 cucchiai di olio d'oliva
2 mele Fuji o Pink Lady, sbucciate, senza torsolo e tagliate grossolanamente
¼ di tazza di scalogno tritato finemente
¾ cucchiaino di cannella in polvere
⅛ cucchiaino di chiodi di garofano macinati
⅛ cucchiaino di noce moscata macinata
½ tazza di brodo di ossa di pollo (vedi ricetta) o brodo di pollo non salato
2 cucchiai di succo di limone fresco
½ tazza di castagne sgusciate arrostite, tritate* o noci pecan tritate
1 cucchiaio di salvia fresca tritata

1. Tagliare il filetto in sbieco a fette spesse ½ pollice. Metti le fette di maiale tra due fogli di pellicola trasparente. Usando il lato piatto di un batticarne, batterlo fino a renderlo sottile. Cospargere le fette con cipolla in polvere, aglio in polvere e pepe nero.

2. In una padella capiente, scalda 2 cucchiai di olio d'oliva a fuoco medio. Cuocere il maiale, a porzioni, per 3-4 minuti, girandolo una volta e aggiungendo olio se necessario. Trasferire la carne di maiale in un piatto; coprire e tenere al caldo.

3. Aumenta il calore a medio-alto. Aggiungere le mele, lo scalogno, la cannella, i chiodi di garofano e la noce

moscata. Cuocere e mescolare per 3 minuti. Mescolare il brodo di ossa di pollo e il succo di limone. Coprire e cuocere per 5 minuti. Togliere dal fuoco; unire le castagne e la salvia. Servire il composto di mele sul maiale.

*Nota: per arrostire le castagne, preriscaldare il forno a 400°F. Taglia una X su un lato del guscio della castagna. Ciò consentirà alla pelle di allentarsi durante la cottura. Disporre le castagne su una teglia e arrostirle per 30 minuti o fino a quando la buccia si staccherà dalle noci e le noci saranno tenere. Avvolgere le caldarroste in un canovaccio pulito. Pulite i gusci e la buccia della noce giallo-bianca.

FAJITA DI MAIALE SALTATA IN PADELLA

FORMAZIONE:20 minuti di cottura: 22 minuti Per: 4 porzioni

Filetto di maiale da 1 libbra, tagliato a strisce da 2 pollici

3 cucchiai di condimento per fajita non salato o condimento messicano (vedi_ricetta_)

2 cucchiai di olio d'oliva

1 cipolla piccola, affettata sottilmente

½ peperone rosso dolce, privato dei semi e tagliato a fettine sottili

½ peperone arancione privato dei semi e tagliato a fettine sottili

1 jalapeño, senza gambo e affettato sottilmente (vedi_mancia_) (facoltativo)

½ cucchiaino di semi di cumino

1 tazza di funghi freschi tagliati a fettine sottili

3 cucchiai di succo di limone fresco

½ tazza di coriandolo fresco tritato

1 avocado, senza semi, sbucciato e tagliato a dadini

Salsa desiderata (vedi_prescrizione_)

1. Cospargere il maiale con 2 cucchiai di condimento per fajita. In una padella molto grande, scalda 1 cucchiaio di olio a fuoco medio-alto. Aggiungi metà del maiale; cuocere e mescolare per circa 5 minuti o fino a quando non sarà più rosa. Trasferire la carne in una ciotola e coprire per mantenerla al caldo. Ripetere l'operazione con l'olio rimanente e il maiale.

2. Regola la fiamma a una temperatura media. Aggiungi il rimanente 1 cucchiaio di condimento per fajita, cipolla, peperone, jalapeño e cumino. Cuocere e mescolare per circa 10 minuti o fino a quando le verdure saranno tenere. Metti tutta la carne e i succhi accumulati nella padella. Incorporate i funghi e il succo di limone. Cuocere fino a

quando non sarà completamente riscaldato. Togliere la padella dal fuoco; aggiungere il coriandolo. Servire con avocado e salsa desiderata.

LOMBO DI MAIALE CON PORTO E PRUGNE SECCHE

FORMAZIONE:10 minuti arrosto: 12 minuti supporto: 5 minuti preparazione: 4 porzioni

IL PORTO È UN VINO FORTIFICATO,IL CHE SIGNIFICA CHE HA UNO SPIRITO SIMILE AL BRANDY AGGIUNTO PER FERMARE IL PROCESSO DI FERMENTAZIONE. CIÒ SIGNIFICA CHE CONTIENE PIÙ ZUCCHERO RESIDUO RISPETTO AL VINO ROSSO DA TAVOLA E DI CONSEGUENZA HA UN SAPORE PIÙ DOLCE. NON È QUALCOSA DA BERE TUTTI I GIORNI, MA USARLO UN PO' IN CUCINA OGNI TANTO VA BENE.

- 2 filetti di maiale da 12 once
- 2 cucchiaini e mezzo di coriandolo macinato
- ¼ cucchiaino di pepe nero
- 2 cucchiai di olio d'oliva
- 1 scalogno, affettato
- ½ tazza di vino di Porto
- ½ tazza di brodo di ossa di pollo (vedi_ricetta_) o brodo di pollo non salato
- 20 prugne snocciolate (prugne)
- ½ cucchiaino di pepe rosso macinato
- 2 cucchiaini di dragoncello fresco tritato

1. Preriscaldare il forno a 400 ° F. Cospargere la carne di maiale con 2 cucchiaini di coriandolo e pepe nero.

2. In una padella capiente resistente al forno, scaldare l'olio d'oliva a fuoco medio-alto. Aggiungi il filetto nella padella. Cuocere fino a doratura su tutti i lati, diventando uniforme, circa 8 minuti. Metti la padella nel forno. Arrostire, scoperto, per circa 12 minuti o fino a quando un termometro a lettura istantanea inserito al centro della

bistecca registra 140 ° F. Trasferisci il filetto su un tagliere. Coprire leggermente con un foglio di alluminio e lasciare riposare per 5 minuti.

3. Nel frattempo, per la salsa, scolare il grasso dalla padella, riservandone 1 cucchiaio. Cuocere la scaloppina nei succhi riservati in una padella a fuoco medio per circa 3 minuti o fino a doratura e ammorbidita. Aggiungi il porto nella padella. Portare a ebollizione, mescolando per raschiare eventuali pezzetti dorati. Aggiungere il brodo di ossa di pollo, le prugne secche, il peperoncino tritato e il rimanente ½ cucchiaino di coriandolo. Cuocere a fuoco medio-alto per ridurlo leggermente, circa 1 o 2 minuti. Mescolare il dragoncello.

4. Tagliare il maiale e servirlo con prugne e salsa.

MAIALE IN STILE MOO SHU IN COPPE DI LATTUGA CON VERDURE IN SALAMOIA VELOCI

DALL'INIZIO ALLA FINE: 45 minuti fanno: 4 porzioni

SE MANGI IL TRADIZIONALE MOO SHU IN UN RISTORANTE CINESE, SAI CHE È UN RIPIENO SAPORITO DI CARNE E VERDURE MANGIATO IN FRITTELLE SOTTILI CON SALSA DOLCE DI PRUGNE O HOISIN. QUESTA VERSIONE PALEO PIÙ LEGGERA E FRESCA PRESENTA CARNE DI MAIALE, CAVOLO CINESE E FUNGHI SHIITAKE ARROSTITI CON ZENZERO E AGLIO E SERVITI IN INVOLTINI DI LATTUGA CON CROCCANTI VERDURE IN SALAMOIA.

VERDURE IN SALAMOIA
- 1 tazza di carote tagliate a julienne
- 1 tazza di ravanelli daikon tagliati a julienne
- ¼ tazza di cipolla rossa tritata
- 1 tazza di succo di mela non zuccherato
- ½ tazza di aceto di sidro

MAIALE
- 2 cucchiai di olio d'oliva o olio di cocco raffinato
- 3 uova, leggermente sbattute
- 8 once di filetto di maiale, tagliato a strisce di 2 × ½ pollice
- 2 cucchiaini di zenzero fresco tritato
- 4 spicchi d'aglio, tritati
- 2 tazze di cavolo napa tagliato a fettine sottili
- 1 tazza di funghi shiitake tagliati sottili
- ¼ tazza di tè tagliato a fette sottili
- 8 foglie di lattuga Boston

1. Per sottaceti veloci, in una ciotola capiente mescola carote, daikon e cipolla. Per la salamoia, scaldare il succo di mela e l'aceto in una casseruola finché non si alza il vapore. Versare la salamoia sulle verdure nella ciotola; Coprire e conservare in frigorifero fino al momento di servire.

2. In una padella capiente, scalda 1 cucchiaio di olio a fuoco medio-alto. Utilizzando una frusta, sbattere leggermente le uova. Aggiungi le uova nella padella; cuocere, senza mescolare, fino a quando non si sarà depositato sul fondo, circa 3 minuti. Usando una spatola flessibile, gira con attenzione l'uovo e cuoci l'altro lato. Rimuovi l'uovo dalla padella su un piatto.

3. Mettete la padella sul fuoco; aggiungere il rimanente 1 cucchiaio di olio. Aggiungere gli straccetti di maiale, lo zenzero e l'aglio. Cuocere e mescolare a fuoco medio-alto per circa 4 minuti o finché la carne di maiale non sarà più rosa. Aggiungi cavolo e funghi; cuocere e mescolare per circa 4 minuti o fino a quando il cavolo sarà appassito, i funghi saranno teneri e il maiale sarà cotto. Togliere la padella dal fuoco. Tagliare l'uovo sodo a listarelle. Mescolare delicatamente le strisce di uova e il tè verde nel composto di maiale. Servire in foglie di lattuga e guarnire con verdure in salamoia.

COSTOLETTE DI MAIALE CON NOCI DI MACADAMIA, SALVIA, FICHI E PURÈ DI PATATE DOLCI

FORMAZIONE: 15 minuti cottura: 25 minuti preparazione: 4 porzioni

ASSOCIATO AL PURÈ DI PATATE DOLCI, QUESTE COSTOLETTE SUCCOSE CON PUNTA DI SALVIA SONO UN PASTO AUTUNNALE PERFETTO, CHE SI PREPARA RAPIDAMENTE, RENDENDOLO PERFETTO PER UN'INTENSA NOTTE INFRASETTIMANALE.

- 4 braciole di maiale disossate, tagliate spesse 1 pollice e ¼
- 3 cucchiai di salvia fresca tritata
- ¼ cucchiaino di pepe nero
- 3 cucchiai di olio di noci di macadamia
- 2 kg di patate dolci, sbucciate e tagliate a pezzi da 1 pollice
- ¾ tazza di noci di macadamia tritate
- ½ tazza di fichi secchi tritati
- ⅓ tazza di brodo di ossa di manzo (vediricetta) o brodo di carne non salato
- 1 cucchiaio di succo di limone fresco

1. Cospargere le costolette di maiale su entrambi i lati con 2 cucchiai di salvia e pepe; strofinare con le dita. In una padella capiente, scalda 2 cucchiai di olio a fuoco medio. Aggiungi le costolette nella padella; cuocere da 15 a 20 minuti o fino a cottura (145 ° F), girando una volta a metà cottura. Trasferire le costolette su un piatto; coprire per mantenersi al caldo.

2. Nel frattempo, in una pentola capiente, unisci le patate dolci e abbastanza acqua da coprire. Portare ad ebollizione; ridurre il calore. Coprire e cuocere a fuoco lento per 10-15 minuti o fino a quando le patate saranno tenere. Scolare le

patate. Aggiungere il rimanente cucchiaio di olio di macadamia alle patate e schiacciarle fino ad ottenere una crema; tenere caldo

3. Per la salsa, aggiungi le noci di macadamia nella padella; cuocere a fuoco medio fino a doratura. Aggiungere i fichi secchi e il restante 1 cucchiaio di salvia; cuocere per 30 secondi. Aggiungi il brodo di ossa di manzo e il succo di limone nella padella, mescolando per raschiare i pezzetti dorati. Versare la salsa sulle braciole di maiale e servire con purè di patate dolci.

COSTOLETTE DI MAIALE ARROSTITE IN PADELLA ALLA LAVANDA E ROSMARINO CON UVA E NOCI TOSTATE

FORMAZIONE: 10 minuti cottura: 6 minuti arrosto: 25 minuti preparazione: 4 porzioni

ARROSTIRE L'UVA CON LE BRACIOLE DI MAIALENE INTENSIFICA IL SAPORE E LA DOLCEZZA. INSIEME ALLE NOCI CROCCANTI TOSTATE E AD UNA SPOLVERATA DI ROSMARINO FRESCO, COSTITUISCONO UN MERAVIGLIOSO CONDIMENTO PER QUESTE SOSTANZIOSE COTOLETTE.

- 2 cucchiai di rosmarino fresco tritato
- 1 cucchiaio di lavanda fresca tritata
- ½ cucchiaino di aglio in polvere
- ½ cucchiaino di pepe nero
- 4 braciole di maiale, tagliate spesse 1 pollice e ¼ (circa 3 libbre)
- 1 cucchiaio di olio d'oliva
- 1 scalogno grande, affettato sottilmente
- 1 tazza e ½ di uva rossa e/o verde senza semi
- ½ bicchiere di vino bianco secco
- ¾ tazza di noci tritate grossolanamente
- Rosmarino fresco tritato

1. Preriscaldare il forno a 180°C. In una piccola ciotola, unisci 2 cucchiai di rosmarino, lavanda, aglio in polvere e pepe. Strofinare uniformemente la miscela di erbe sulle braciole di maiale. In una padella molto grande e resistente al forno, scaldare l'olio d'oliva a fuoco medio. Aggiungi le costolette nella padella; cuocere per 6-8 minuti o fino a

doratura su entrambi i lati. Trasferire le costolette su un piatto; coprire con pellicola.

2. Aggiungi gli scalogni nella padella. Cuocere e mescolare a fuoco medio per 1 minuto. Aggiungere l'uva e il vino. Cuocere per circa altri 2 minuti, mescolando per raschiare eventuali pezzetti dorati. Metti le costolette di maiale nella padella. Metti la teglia nel forno; arrostire per 25-30 minuti o fino a quando le braciole sono cotte (145 ° F).

3. Nel frattempo, distribuire le noci in una padella poco profonda. Viene aggiunto al forno con le costolette. Friggere per circa 8 minuti o fino a doratura, mescolando una volta per una frittura uniforme.

4. Per servire, guarnire le braciole di maiale con uva tostata e noci. Cospargere con ulteriore rosmarino fresco.

BRACIOLE DI MAIALE ALLA FIORENTINA CON BROCCOLI GRIGLIATI

FORMAZIONE:20 minuti grigliatura: 20 minuti marinatura: 3 minuti preparazione: 4 porzioniFOTO

"ALLA FIORENTINA"SIGNIFICA SOSTANZIALMENTE "ALLO STILE FIORENTINO". QUESTA RICETTA PRENDE SPUNTO DALLA BISTECCA ALLA FIORENTINA, UNA BISTECCA ALLA FIORENTINA TOSCANA GRIGLIATA SUL FUOCO DI LEGNA CON I SAPORI PIÙ SEMPLICI: DI SOLITO SOLO OLIO D'OLIVA, SALE, PEPE NERO E UNA SPRUZZATA DI LIMONE FRESCO PER FINIRE.

1 chilogrammo di cime di rapa

1 cucchiaio di olio d'oliva

4 braciole di maiale con osso da 6 a 8 once, tagliate da 1½ a 2 pollici di spessore

Pepe nero macinato grossolanamente

1 limone

4 spicchi d'aglio, tagliati a fettine sottili

2 cucchiai di rosmarino fresco tritato

6 foglie di salvia fresca, tritate

1 cucchiaino di scaglie di peperoncino macinato (o a piacere)

½ tazza di olio d'oliva

1. In una pentola capiente, cuocere i broccoli in acqua bollente per 1 minuto. Trasferire immediatamente in una ciotola di acqua ghiacciata. Quando sono freddi, scolate i broccoli su una teglia ricoperta di carta assorbente, asciugandoli il più possibile con altri tovaglioli di carta. Rimuovere i tovaglioli di carta dalla teglia. Irrorare la rabe di broccoli con 1 cucchiaio di olio d'oliva, mescolando per ricoprire; mettere da parte fino al momento di grigliare.

2. Cospargere le braciole di maiale su entrambi i lati con pepe macinato grosso; accantonare. Utilizzando un pelapatate, eliminate le strisce di scorza del limone (conservate il limone per un altro utilizzo). Su un grande piatto da portata disporre le strisce di scorza di limone, l'aglio a fette, il rosmarino, la salvia e il peperoncino tritato; accantonare.

3. Per una griglia a carbone, spostare la maggior parte dei carboni ardenti su un lato della griglia, lasciandone alcuni sotto l'altro lato della griglia. Scottare le costolette direttamente sui carboni ardenti per 2 o 3 minuti o finché non si forma una crosta marrone. Girare le cotolette e friggerle sul secondo lato per altri 2 minuti. Sposta le costolette sull'altro lato della griglia. Coprire e grigliare per 10-15 minuti o fino al termine (145 ° F). (Per una griglia a gas, preriscaldare la griglia; ridurre il calore su un lato della griglia a medio. Scottare le braciole come indicato sopra a fuoco alto. Passare al lato a fuoco medio della griglia; continuare come indicato sopra.)

4. Trasferisci le cotolette sul piatto. Irrorare le costolette con ½ tazza di olio d'oliva, girandole per ricoprirle su entrambi i lati. Lasciare marinare le costolette per 3-5 minuti prima di servire, girandole una o due volte per infondere alla carne il sapore della scorza di limone, dell'aglio e delle erbe aromatiche.

5. Mentre le costolette riposano, grigliare i broccoli fino a quando saranno leggermente carbonizzati e riscaldati. Disporre le cime di rapa sul piatto con le braciole di

maiale; versare la marinata su ogni cotoletta e cime di rapa prima di servire.

BRACIOLE DI MAIALE RIPIENE DI SCAROLA

FORMAZIONE: 20 minuti tempo di cottura: 9 minuti per: 4 porzioni

LA SCAROLA PUÒ ESSERE CONSUMATA COME INSALATA VERDEOPPURE SOFFRIGGERE LEGGERMENTE CON AGLIO IN OLIO D'OLIVA PER UN CONTORNO VELOCE. QUI, COMBINATO CON OLIO D'OLIVA, AGLIO, PEPE NERO, PEPERONCINO TRITATO E LIMONE, CREA UN BELLISSIMO RIPIENO VERDE BRILLANTE PER SUCCOSE BRACIOLE DI MAIALE.

4 braciole di maiale con osso da 6 a 8 once, tagliate spesse ¾ di pollice

½ scarola media, tagliata finemente

4 cucchiai di olio d'oliva

1 cucchiaio di succo di limone fresco

¼ cucchiaino di pepe nero

¼ cucchiaino di pepe rosso macinato

2 grandi spicchi d'aglio, tritati

Olio d'oliva

1 cucchiaio di salvia fresca tritata

¼ cucchiaino di pepe nero

⅓ bicchiere di vino bianco secco

1. Usando un coltello da cucina, taglia una tasca profonda, larga circa 2 pollici, nel lato ricurvo di ogni braciola di maiale; accantonare.

2. In una ciotola capiente, unisci la scarola, 2 cucchiai di olio d'oliva, il succo di limone, ¼ di cucchiaino di pepe nero, peperoncino tritato e aglio. Riempire ogni cotoletta con un quarto del composto. Spennellare le costolette con olio

d'oliva. Cospargere con salvia e ¼ di cucchiaino di pepe nero macinato.

3. In una padella molto grande, scalda i restanti 2 cucchiai di olio d'oliva a fuoco medio-alto. Friggere il maiale per 4 minuti su ciascun lato fino a doratura. Trasferisci le costolette su un piatto. Aggiungi il vino nella padella, raschiando i pezzetti dorati. Ridurre i succhi di padella per 1 minuto.

4. Spennellate le costolette con il sugo della padella prima di servire.

BRACIOLE DI MAIALE IN CROSTA DI NOCI PECAN DI DIGIONE

FORMAZIONE:15 minuti cottura: 6 minuti cottura: 3 minuti preparazione: 4 porzioniFOTO

QUESTE COTOLETTE IN CROSTA DI NOCI E SENAPENON POTREBBE ESSERE PIÙ SEMPLICE DA REALIZZARE E LA RICOMPENSA IN TERMINI DI GUSTO SUPERA DI GRAN LUNGA LO SFORZO. PROVATELI CON LE ZUCCHINE ARROSTITE ALLA CANNELLA (VEDIRICETTA), INSALATA WALDORF NEOCLASSICA (VEDIRICETTA), OPPURE INSALATA DI CAVOLETTI DI BRUXELLES E MELE (VEDIRICETTA).

⅓ tazza di noci pecan tritate finemente e tostate (vedimancia)

1 cucchiaio di salvia fresca tritata

3 cucchiai di olio d'oliva

4 braciole di maiale con osso tagliate al centro, spesse circa 1 pollice (circa 2 libbre in totale)

½ cucchiaino di pepe nero

2 cucchiai di olio d'oliva

3 cucchiai di senape di Digione (vediricetta)

1. Preriscaldare il forno a 400 ° F. In una piccola ciotola, unisci le noci pecan, la salvia e 1 cucchiaio di olio d'oliva.

2. Cospargere le costolette di maiale con pepe. In una padella grande resistente al forno, scaldare i restanti 2 cucchiai di olio d'oliva a fuoco alto. Aggiungi braciole; cuocere circa 6 minuti o fino a doratura su entrambi i lati, girando una volta. Togliere la padella dal fuoco. Distribuire la senape alla Digione sopra le braciole; cospargere il composto di noci pecan, premendo leggermente nella senape.

3. Metti la padella nel forno. Cuocere in forno per 3-4 minuti o fino a quando le braciole saranno cotte (145 ° F).

MAIALE IN CROSTA DI NOCI CON INSALATA DI MORE E SPINACI

FORMAZIONE:30 minuti tempo di cottura: 4 minuti rende: 4 porzioni

LA CARNE DI MAIALE HA UN SAPORE NATURALMENTE DOLCECHE SI SPOSA BENE CON LA FRUTTA. SEBBENE I SOLITI SOSPETTI SIANO I FRUTTI AUTUNNALI COME MELE E PERE, O DRUPACEE COME PESCHE, PRUGNE E ALBICOCCHE, IL MAIALE È DELIZIOSO ANCHE CON LE MORE, CHE HANNO UN SAPORE AGRODOLCE SIMILE AL VINO.

1⅔ tazze di more

1 cucchiaio più 1½ cucchiaino di acqua

3 cucchiai di olio di noci

1 cucchiaio più 1 cucchiaino e mezzo di aceto di vino bianco

2 uova

¾ tazza di farina di mandorle

⅓ tazza di noci tritate finemente

1 cucchiaio più 1 cucchiaino e mezzo di condimento mediterraneo (vediricetta)

4 braciole di maiale o braciole di maiale disossate (da 1 a 1½ libbre in totale)

6 tazze di foglie di spinaci freschi

½ tazza di foglie di basilico appena strappate

½ tazza di cipolla rossa tritata

½ tazza di noci tritate e tostate (vedimancia)

¼ di tazza di olio di cocco raffinato

1. Per la vinaigrette alle more, in un pentolino, unisci 1 tazza di more e acqua. Portare ad ebollizione; ridurre il calore. Cuocere, coperto, per 4-5 minuti o solo fino a quando le bacche diventano morbide e di colore marrone brillante, mescolando di tanto in tanto. Togliere dal fuoco; si raffredda leggermente. Versare le more con la buccia in un

frullatore o in un robot da cucina; coprire e frullare o lavorare fino a ottenere un composto omogeneo. Usando il dorso di un cucchiaio, spremete la purea di frutti di bosco attraverso un colino a maglia fine; scartare semi e solidi. In una ciotola media, unisci i frutti di bosco filtrati, l'olio di noci e l'aceto; accantonare.

2. Foderare una teglia ampia con carta da forno; accantonare. In una ciotola leggermente profonda, sbattere bene delicatamente le uova con una forchetta. In un altro piatto poco profondo, unisci la farina di mandorle, ⅓ tazza di noci tritate e il condimento mediterraneo. Immergere le braciole di maiale, una alla volta, nelle uova e poi nel composto di noci, girandole per ricoprirle uniformemente. Disporre le braciole di maiale ricoperte sulla teglia preparata; accantonare.

3. In una ciotola capiente unisci gli spinaci e il basilico. Dividere le verdure in quattro piatti da portata, disponendole lungo un lato del piatto. Completare con ⅔ tazza di frutti di bosco rimanenti, cipolla rossa e ½ tazza di noci tostate. Condire con vinaigrette alle more.

4. In una padella molto grande, scalda l'olio di cocco a fuoco medio-alto. Aggiungi la braciola di maiale nella padella; cuocere circa 4 minuti o fino a cottura (145 ° F), girando una volta. Aggiungi le braciole di maiale ai piatti di insalata.

COTOLETTA DI MAIALE CON CAVOLO ROSSO IN AGRODOLCE

FORMAZIONE:20 minuti di cottura: 45 minuti Per: 4 porzioni

NEL"PRINCIPI PALEO"SEZIONE DI QUESTO LIBRO,LA FARINA DI MANDORLE (CHIAMATA ANCHE FARINA DI MANDORLE) È ELENCATA COME INGREDIENTE NON PALEO, NON PERCHÉ LA FARINA DI MANDORLE SIA INTRINSECAMENTE DANNOSA, MA PERCHÉ È COMUNEMENTE USATA PER CREARE ANALOGHI DI BROWNIES, BISCOTTI, TORTE, ECC., CHE NON DOVREBBERO. ESSERE UNA PARTE REGOLARE DELLA REAL PALEO DIET®. USATO CON PARSIMONIA COME CONDIMENTO PER UN SOTTILE GUSCIO DI MAIALE O POLLAME SALTATO IN PADELLA, COME È QUI, NON È UN PROBLEMA.

CAVOLO

- 2 cucchiai di olio d'oliva
- 1 tazza di cipolla rossa tritata
- 6 tazze di cavolo rosso tagliato a fettine sottili (circa mezza testa)
- 2 mele Granny Smith, sbucciate, senza torsolo e tagliate a cubetti
- ¾ tazza di succo d'arancia fresco
- 3 cucchiai di aceto di sidro
- ½ cucchiaino di semi di cumino
- ½ cucchiaino di semi di sedano
- ½ cucchiaino di pepe nero

MAIALE

- 4 braciole di maiale disossate, tagliate spesse ½ pollice
- 2 tazze di farina di mandorle
- 1 cucchiaio di scorza di limone essiccata
- 2 cucchiaini di pepe nero
- ¾ cucchiaino di pimento macinato

1 uovo grande

¼ tazza di latte di mandorle

3 cucchiai di olio d'oliva

Ruote di limone

1. Per il cavolo in agrodolce, in un forno olandese da 6 litri, scaldare l'olio d'oliva a fuoco medio-basso. Aggiungi la cipolla; cuocere per 6-8 minuti o fino a quando ammorbidito e leggermente dorato. Aggiungi cavolo; cuocere e mescolare per 6-8 minuti o fino a quando il cavolo sarà croccante e tenero. Aggiungi mele, succo d'arancia, aceto, semi di cumino, semi di sedano e ½ cucchiaino di pepe. Portare ad ebollizione; ridurre il calore al minimo. Coprire e cuocere per 30 minuti, mescolando di tanto in tanto. Coprire e cuocere fino a quando il liquido si sarà leggermente ridotto.

2. Nel frattempo, per il maiale, metti le costolette tra due fogli di pellicola trasparente o carta oleata. Usando il lato piatto di un batticarne o di un mattarello, battere fino a ottenere uno spessore di circa ¼ di pollice; accantonare.

3. In una ciotola poco profonda, unisci la farina di mandorle, la scorza di limone essiccata, 2 cucchiaini di pepe e il pimento. In un'altra ciotola poco profonda, sbatti insieme l'uovo e il latte di mandorle. Ricoprire leggermente le costolette di maiale nella farina stagionata, eliminando quella in eccesso. Immergere il tutto nel composto di uova, poi ancora nella farina condita, eliminando quella in eccesso. Ripetere l'operazione con le cotolette rimanenti.

4. In una padella capiente, scaldare l'olio d'oliva a fuoco medio-alto. Aggiungi 2 costolette nella padella. Cuocere per 6-8 minuti o fino a quando le costolette saranno

dorate e cotte, girando una volta. Trasferisci le costolette su un piatto caldo. Ripetere l'operazione con le restanti 2 cotolette.

5. Servire la cotoletta con cavolo cappuccio e fette di limone.

TACCHINO ARROSTO CON PURÈ DI RADICI D'AGLIO

FORMAZIONE:1 ora Arrosto: 2 ore e 45 minuti Stand: 15 minuti Per: da 12 a 14 porzioni

CERCA UN TACCHINO CHE ABBIANON È STATA INIETTATA UNA SOLUZIONE SALINA. SE L'ETICHETTA DICE "POTENZIATO" O "AUTO-IMPERMEABILIZZANTE", PROBABILMENTE È PIENA DI SODIO E ALTRI ADDITIVI.

- 1 tacchino da 12 a 14 libbre
- 2 cucchiai di spezie mediterranee (vedi_ricetta_)
- ¼ tazza di olio d'oliva
- 3 libbre di carote medie, sbucciate, tagliate e tagliate a metà o in quarti nel senso della lunghezza
- 1 ricetta Purea con aglio (vedi_ricetta_, inferiore)

1. Preriscaldare il forno a 425°F. Rimuovere il collo e le frattaglie dal tacchino; prenotalo per un altro uso se lo desideri. Allentare con attenzione la pelle attorno al bordo del seno. Passa le dita sotto la pelle per creare una tasca sopra il seno e sopra i bastoncini. Cucchiaio 1 cucchiaio di spezie mediterranee sotto la pelle; usa le dita per distribuirlo uniformemente sul petto e sui tamburi. Tirare indietro la pelle del collo; si pesca con uno spiedo. Posiziona le estremità dei tamburi sotto la striscia di pelle sopra la coda. Se non è presente alcuna fascia in pelle,

legare saldamente i tamburi della coda con spago da cucina in cotone 100%. Ruota le punte delle ali sotto la schiena.

2. Metti il tacchino, con il petto rivolto verso l'alto, su una griglia in una padella molto grande e poco profonda. Spennellare il tacchino con 2 cucchiai di olio. Cospargere il tacchino con il restante condimento mediterraneo. Inserisci un termometro per carne resistente al forno al centro di un muscolo all'interno della coscia; il termometro non deve toccare l'osso. Coprire il tacchino senza stringere con un foglio di alluminio.

3. Arrostire per 30 minuti. Ridurre la temperatura del forno a 180°C. Arrostire per 1 ora e mezza. In una ciotola molto grande, unisci le carote e i restanti 2 cucchiai di olio; gettare per coprire. Distribuire le carote in una grande teglia dai bordi bordati. Togliere la pellicola dal tacchino e tagliare la striscia di cuoio o di spago tra i bastoncini. Arrostire le carote e il tacchino per 45 minuti o 1 ora e mezza in più, o finché il termometro non registra 175°F.

4. Togli il tacchino dal forno. Copertina; lasciare riposare per 15-20 minuti prima di affettare. Servire il tacchino con carote e radici schiacciate all'aglio.

Purè di radici con aglio: tagliare e sbucciare da 3 a 3½ libbre di rutabaghe e da 1½ a 2 libbre di radice di sedano; tagliare in pezzi da 2 pollici. In una pentola da 6 litri cuocere le rape e il sedano rapa in acqua bollente sufficiente a coprire per 25-30 minuti o fino a quando saranno teneri. Nel frattempo, in un pentolino, unire 3 cucchiai di olio extravergine e 6-8 spicchi d'aglio tritati.

Cuocere a fuoco basso per 5-10 minuti o fino a quando l'aglio sarà molto profumato ma non dorato. Aggiungere con cautela ¾ tazza di brodo di ossa di pollo (vedi <u>ricetta</u>) o brodo di pollo non salato. Portare ad ebollizione; togliere dal fuoco. Scolare le verdure e rimetterle nella pentola. Schiacciare le verdure con lo schiacciapatate oppure sbatterle con le fruste elettriche a velocità bassa. Aggiungi ½ cucchiaino di pepe nero. A poco a poco frullare o frullare nella miscela di brodo fino a quando le verdure saranno unite e quasi lisce. Se necessario, aggiungere un altro ¼ di tazza di brodo di ossa di pollo per ottenere la consistenza desiderata.

PETTO DI TACCHINO RIPIENO DI PESTO E INSALATA DI RUCOLA

FORMAZIONE:30 minuti arrosto: 1 ora e 30 minuti in stand-by: 20 minuti per la preparazione: 6 porzioni

QUESTO E PER GLI AMANTI DELLA CARNE BIANCAECCO: UN PETTO DI TACCHINO DALLA PELLE CROCCANTE RIPIENO DI POMODORI SECCHI, BASILICO E SPEZIE MEDITERRANEE. GLI AVANZI SONO UN OTTIMO PRANZO.

1 tazza di pomodori secchi non solforati (non pieni di olio)
1 metà di petto di tacchino disossato da 4 libbre con pelle
3 cucchiaini di spezie mediterranee (vediricetta)
1 tazza di foglie di basilico appena confezionate
1 cucchiaio di olio d'oliva
8 once di rucola piccola
3 pomodori grandi, tagliati a metà e affettati
¼ tazza di olio d'oliva
2 cucchiai di aceto di vino rosso
Pepe nero
1 tazza e ½ di pesto al basilico (vediricetta)

1. Preriscaldare il forno a 180°C. In una piccola ciotola, versare abbastanza acqua bollente sui pomodori secchi da coprirli. Lasciare riposare per 5 minuti; scolateli e tritateli finemente.

2. Metti il petto di tacchino, con la pelle rivolta verso il basso, su un grande foglio di pellicola trasparente. Metti un altro foglio di pellicola trasparente sopra il tacchino. Usando il lato piatto di un batticarne, battere delicatamente il petto fino a ottenere uno spessore uniforme, circa ¾ di pollice. Eliminare la pellicola trasparente. Cospargere 1

cucchiaino e mezzo di condimento mediterraneo sulla carne. Coprire con pomodorini e foglie di basilico. Arrotolare con cura il petto di tacchino, mantenendo la pelle all'esterno. Usando lo spago da cucina in cotone al 100%, lega la bistecca in quattro o sei punti per fissarla. Condire con 1 cucchiaio di olio d'oliva. Cospargere la bistecca con il restante 1 cucchiaino e mezzo di condimento mediterraneo.

3. Disporre la bistecca su una griglia posizionata in una piccola padella, con la pelle rivolta verso l'alto. Arrostire, scoperto, per 1 ora e mezza o fino a quando un termometro a lettura istantanea inserito vicino al centro registra 165 ° F e la pelle diventa marrone dorata e croccante. Togli il tacchino dal forno. Coprire liberamente con un foglio; lasciarlo riposare per 20 minuti prima di tagliarlo a fette.

4. Per l'insalata di rucola, in una ciotola capiente unire la rucola, i pomodori, ¼ di tazza di olio d'oliva, aceto e pepe a piacere. Togliere i fili dalla bistecca. Tagliare il tacchino a fettine sottili. Viene servito con insalata di rucola e pesto di basilico.

PETTO DI TACCHINO CONDITO CON SALSA BBQ ALLE CILIEGIE

FORMAZIONE:15 minuti arrosto: 1 ora 15 minuti in stand-by: 45 minuti per preparazione: da 6 a 8 porzioni

QUESTA E UNA BELLISSIMA RICETTA PERSERVIRE UNA FOLLA DURANTE UN BARBECUE IN GIARDINO QUANDO VUOI FARE QUALCOSA DI DIVERSO DAGLI HAMBURGER. SERVITELO CON UN'INSALATA CROCCANTE, COME L'INSALATA DI BROCCOLI CROCCANTI (VEDIRICETTA) O INSALATA DI CAVOLETTI DI BRUXELLES GRATTUGIATI (VEDIRICETTA).

1 petto di tacchino intero con osso da 4 a 5 libbre
3 cucchiai di spezie affumicate (vediricetta)
2 cucchiai di succo di limone fresco
3 cucchiai di olio d'oliva
1 tazza di vino bianco secco, come il Sauvignon Blanc
1 tazza di ciliegie Bing fresche o congelate, non zuccherate, snocciolate e tritate
⅓ tazza d'acqua
1 tazza di salsa BBQ (vediricetta)

1. Lascia riposare il petto di tacchino a temperatura ambiente per 30 minuti. Preriscaldare il forno a 325°F. Disporre il petto di tacchino, con la pelle rivolta verso l'alto, su una griglia in una padella.

2. In una piccola ciotola, unisci le spezie affumicate, il succo di limone e l'olio d'oliva per formare una pasta. Allentare la pelle dalla carne; stendere delicatamente metà della pasta sulla carne sotto la pelle. Distribuire uniformemente la pasta rimanente sulla pelle. Versare il vino sul fondo della padella.

3. Arrostire per 1 ora e mezza - 1 ora e mezza, o fino a quando la pelle diventa dorata e un termometro a lettura istantanea inserito al centro della bistecca (senza toccare l'osso) registra 170 ° F, girando la padella a metà del tempo di cottura. Lasciare riposare per 15-30 minuti prima di affettare.

4. Nel frattempo, per la salsa Cherry BBQ, in una casseruola media unisci le ciliegie e l'acqua. Portare ad ebollizione; ridurre il calore. Far bollire, scoperto, per 5 minuti. Mescolare la salsa barbecue; far bollire per 5 minuti. Servire caldo o a temperatura ambiente con il tacchino.

CARNE DI TACCHINO BRASATA AL VINO

FORMAZIONE:30 minuti tempo di cottura: 35 minuti rende: 4 porzioni

COTTURA DEL TACCHINO IN PADELLAIN UNA COMBINAZIONE DI VINO, POMODORI ROMA TRITATI, BRODO DI POLLO, ERBE FRESCHE E PEPERONCINO TRITATO GLI CONFERISCE UN OTTIMO SAPORE. SERVIRE QUESTO PIATTO IN UMIDO IN CIOTOLE POCO PROFONDE E CON CUCCHIAI GRANDI PER OTTENERE UN PO' DEL GUSTOSO BRODO IN OGNI BOCCONE.

- 2 lombi di tacchino da 8 a 12 once, tagliati a pezzi da 1 pollice
- 2 cucchiai di condimento per l'uccello senza sale
- 2 cucchiai di olio d'oliva
- 6 spicchi d'aglio, tritati (1 cucchiaio)
- 1 tazza di cipolla tritata
- ½ tazza di sedano tritato
- 6 pomodori Roma, senza semi e tritati (circa 3 tazze)
- ½ tazza di vino bianco secco, come il Sauvignon Blanc
- ½ tazza di brodo di ossa di pollo (vediricetta) o brodo di pollo non salato
- ½ cucchiaino di rosmarino fresco tritato finemente
- Da ¼ a ½ cucchiaino di pepe rosso macinato
- ½ tazza di foglie di basilico fresco, tritate
- ½ tazza di prezzemolo fresco tritato

1. In una ciotola capiente, condisci i pezzi di tacchino con il condimento per il pollame. In una padella antiaderente molto grande, scaldare 1 cucchiaio di olio d'oliva a fuoco medio. Cuocere il tacchino poco a poco nell'olio bollente fino a dorarlo su tutti i lati. (Non è necessario cuocere il tacchino.) Trasferire in un piatto e tenere in caldo.

2. Aggiungi il restante 1 cucchiaio di olio d'oliva nella padella. Aumenta il calore a un livello medio-alto. Aggiungere l'aglio; cuocere e mescolare per 1 minuto. Aggiungere cipolla e sedano; cuocere e mescolare per 5 minuti. Aggiungere il tacchino e l'eventuale sugo del piatto, i pomodori, il vino, il brodo di ossa di pollo, il rosmarino e il peperoncino tritato. Ridurre la temperatura a medio bassa. Coprire e cuocere per 20 minuti, mescolando di tanto in tanto. Aggiungere basilico e prezzemolo. Scoprire e cuocere per altri 5 minuti o fino a quando il tacchino non sarà più rosa.

PETTO DI TACCHINO SALTATO IN PADELLA CON SALSA DI SCAMPI ALL'ERBA CIPOLLINA

FORMAZIONE:30 minuti tempo di cottura: 15 minuti rende: 4 porzioniFOTO

TAGLIARE A META LE FRATTAGLIE DI TACCHINOORIZZONTALMENTE NEL MODO PIU UNIFORME POSSIBILE, PREMI DELICATAMENTE CIASCUNO CON IL PALMO DELLA MANO, ESERCITANDO UNA PRESSIONE COSTANTE MENTRE TAGLI LA CARNE.

- ¼ tazza di olio d'oliva
- 2 filetti di petto di tacchino da 8 a 12 once, tagliati a metà orizzontalmente
- ¼ di cucchiaino di pepe nero appena macinato
- 3 cucchiai di olio d'oliva
- 4 spicchi d'aglio, tritati
- 8 once di gamberetti medi sgusciati e privati, le code rimosse e tagliate a metà nel senso della lunghezza
- ¼ di bicchiere di vino bianco secco, brodo di ossa di pollo (vediricetta) o brodo di pollo non salato
- 2 cucchiai di erba cipollina fresca tritata
- ½ cucchiaino di scorza di limone grattugiata finemente
- 1 cucchiaio di succo di limone fresco
- Tagliatelle di zucca e pomodoro (vediricetta, sotto) (facoltativo)

1. In una padella molto grande, scalda 1 cucchiaio di olio d'oliva a fuoco medio-alto. Aggiungi il tacchino nella padella; cospargere di pepe. Ridurre il calore a medio. Cuocere per 12-15 minuti o fino a quando non sarà più rosa e i succhi saranno chiari (165 ° F), girando una volta a metà cottura. Togliere le bistecche di tacchino dalla

padella. Coprire con un foglio di alluminio per mantenerlo al caldo.

2. Per la salsa, scaldare nella stessa padella a fuoco medio 3 cucchiai di olio. Aggiungere l'aglio; cuocere per 30 secondi. Incorporare i gamberetti; cuocere e mescolare per 1 minuto. Incorporate il vino, l'erba cipollina e la scorza di limone; cuocere e mescolare ancora 1 minuto o fino a quando i gamberetti diventano opachi. Togliere dal fuoco; mescolare con succo di limone. Per servire, versare la salsa sugli arrosti di tacchino. Se lo si desidera, servire con zucchine e tagliatelle al pomodoro.

Tagliatelle di zucca e pomodoro: utilizzando una mandolina o un pelapatate a julienne, affettare 2 zucchine gialle a julienne. In una padella capiente, scaldare 1 cucchiaio di olio extra vergine di oliva a fuoco medio-alto. Aggiungi strisce di zucca; cuocere per 2 minuti. Aggiungere 1 tazza di pomodorini tagliati in quarti e ¼ di cucchiaino di pepe nero appena macinato; cuocere altri 2 minuti o fino a quando le zucchine saranno croccanti e tenere.

COSCE DI TACCHINO IN UMIDO CON RADICE

FORMAZIONE:30 minuti tempo di cottura: 1 ora e 45 minuti per una preparazione: 4 porzioni

QUESTO E UNO DI QUEI PIATTIVUOI FARE IN UN FRIZZANTE POMERIGGIO AUTUNNALE QUANDO HAI TEMPO DI FARE UNA PASSEGGIATA MENTRE STA BOLLENDO NEL FORNO. SE L'ESERCIZIO NON STUZZICA IL TUO APPETITO, SICURAMENTE LO FARA IL MERAVIGLIOSO AROMA QUANDO VARCHI LA SOGLIA.

- 3 cucchiai di olio d'oliva
- 4 cosce di tacchino da 20 a 24 once
- ½ cucchiaino di pepe nero appena macinato
- 6 spicchi d'aglio, puliti e tritati
- 1 cucchiaino e mezzo di semi di finocchio, ammaccati
- 1 cucchiaino di pimento intero, ammaccato*
- 1 tazza e ½ di brodo di ossa di pollo (vediricetta) o brodo di pollo non salato
- 2 rametti di rosmarino fresco
- 2 rametti di timo fresco
- 1 foglia di alloro
- 2 cipolle grandi, sbucciate e tagliate in 8 fette ciascuna
- 6 carote grandi, sbucciate e tagliate a fette da 1 pollice
- 2 rape grandi, sbucciate e tagliate a cubetti da 1 pollice
- 2 pastinache medie, sbucciate e tagliate a fette da 1 pollice**
- 1 radice di sedano, sbucciata e tagliata a pezzi da 1 pollice

1. Preriscaldare il forno a 180°C. In una padella capiente, scaldare l'olio d'oliva a fuoco medio-alto finché non diventa luccicante. Aggiungi 2 cosce di tacchino. Cuocere per circa 8 minuti o fino a quando le cosce saranno dorate e croccanti su tutti i lati e diventeranno dorate in modo

uniforme. Trasferire le cosce di tacchino su un piatto; ripetere con le restanti 2 cosce di tacchino. Accantonare.

2. Aggiungere nella padella il pepe, l'aglio, i semi di finocchio e il pimento. Cuocere e mescolare a fuoco medio per 1 o 2 minuti o fino a quando non diventa fragrante. Incorporare il brodo di ossa di pollo, il rosmarino, il timo e l'alloro. Portare a ebollizione, mescolando per raschiare eventuali pezzetti dorati dal fondo della padella. Togliere la padella dal fuoco e mettere da parte.

3. In un forno olandese molto grande con un coperchio ermetico, unisci la cipolla, le carote, le rape, le pastinache e la radice di sedano. Aggiungere il liquido della padella; gettare per coprire. Premere le cosce di tacchino nel composto di verdure. Coprire con coperchio.

4. Cuocere per circa 1 ora e 45 minuti o fino a quando le verdure saranno tenere e il tacchino sarà cotto. Servire le cosce di tacchino e le verdure in ciotole grandi e poco profonde. Cospargere i succhi di padella sopra.

*Suggerimento: per ammaccare i semi di pimento e finocchio, posizionare i semi su un tagliere. Usando il lato piatto di un coltello da chef, premi verso il basso per schiacciare delicatamente i semi.

**Suggerimento: tagliare i pezzi grandi dalla parte superiore delle pastinache.

POLPETTONE DI TACCHINO ALLE ERBE CON KETCHUP DI CIPOLLA CARAMELLATA E FETTE DI CAVOLO ARROSTO

FORMAZIONE:15 minuti cottura: 30 minuti cottura: 1 ora 10 minuti riposo: 5 minuti preparazione: 4 porzioni

IL CLASSICO POLPETTONE CONDITO CON KETCHUP LO È CERTAMENTENEL MENU PALEO QUANDO IL KETCHUP (VEDI<u>RICETTA</u>) NON CONTIENE SALE E ZUCCHERI AGGIUNTI. QUI IL KETCHUP VIENE MESCOLATO CON CIPOLLE CARAMELLATE, CHE VENGONO AMMUCCHIATE SUL PANE PRIMA DELLA COTTURA.

- 1 chilo e mezzo di tacchino macinato
- 2 uova, leggermente sbattute
- ½ tazza di farina di mandorle
- ⅓ tazza di prezzemolo fresco tritato
- ¼ tazza di tè a fette sottili (2)
- 1 cucchiaio di salvia fresca tritata o 1 cucchiaino di salvia secca, tritata
- 1 cucchiaio di timo fresco tritato o 1 cucchiaino di timo essiccato e tritato
- ¼ cucchiaino di pepe nero
- 2 cucchiai di olio d'oliva
- 2 cipolle dolci, tagliate a metà e affettate sottilmente
- 1 tazza di Paleo Ketchup (vedi<u>ricetta</u>)
- 1 cavolo cappuccio piccolo, tagliato a metà, senza torsolo e tagliato in 8 spicchi
- Da ½ a 1 cucchiaino di pepe rosso macinato

1. Preriscaldare il forno a 180°C. Foderare una teglia ampia con carta da forno; accantonare. In una grande ciotola, unisci il tacchino macinato, le uova, la farina di mandorle, il prezzemolo, la cipolla, la salvia, il timo e il pepe nero.

Nella teglia preparata, forma il composto di tacchino in una pagnotta da 8 × 4 pollici. Cuocere per 30 minuti.

2. Nel frattempo, per il ketchup di cipolle caramellate, scalda 1 cucchiaio di olio d'oliva in una padella capiente a fuoco medio. Aggiungi la cipolla; cuocere circa 5 minuti o fino a quando la cipolla inizia a rosolare, mescolando spesso. Ridurre la temperatura a medio bassa; cuocere per circa 25 minuti o fino a quando saranno dorati e molto morbidi, mescolando di tanto in tanto. Togliere dal fuoco; aggiungere il Paleo Ketchup.

3. Un cucchiaio di ketchup di cipolla caramellata sopra un panino di tacchino. Disporre le fette di cavolo attorno al pane. Irrorare il cavolo con 1 cucchiaio di olio d'oliva rimanente; cospargere con pepe rosso macinato. Cuocere per circa 40 minuti o fino a quando un termometro a lettura istantanea inserito al centro del pane registra 165 ° F, guarnendo con ulteriore ketchup di cipolla caramellata e girando le fette di cavolo dopo 20 minuti. Lascia riposare il pane di tacchino per 5-10 minuti prima di affettarlo.

4. Servire il pane di tacchino con spicchi di insalata e l'eventuale ketchup di cipolla caramellata rimasto.

POSOLE DI TACCHINO

FORMAZIONE:20 minuti cottura: 8 minuti cottura: 16 minuti preparazione: 4 porzioni

I CONDIMENTI DI QUESTA CALDA ZUPPA IN STILE MESSICANOSONO PIÙ CHE GUARNITURE. IL CORIANDOLO AGGIUNGE UN SAPORE CARATTERISTICO, L'AVOCADO AGGIUNGE CREMOSITÀ E LE PEPITA TOSTATE FORNISCONO UNA DELIZIOSA CROCCANTEZZA.

8 pomodori freschi
Da 1¼ a 1½ libbre di tacchino macinato
1 peperone rosso dolce, privato dei semi e tagliato a listarelle sottili
½ tazza di cipolla tritata (1 media)
6 spicchi d'aglio, tritati (1 cucchiaio)
1 cucchiaio di spezie messicane (vedi_ricetta_)
2 tazze di brodo di ossa di pollo (vedi_ricetta_) o brodo di pollo non salato
1 lattina da 14,5 once di pomodori arrostiti al fuoco senza aggiunta di sale, non spremuti
1 peperoncino jalapeño o serrano, senza semi e tritato (vedi_mancia_)
1 avocado medio, tagliato a metà, sbucciato, senza semi e tagliato a fettine sottili
¼ di tazza di crocchette tostate e non salate (vedi_mancia_)
¼ tazza di coriandolo fresco tritato
fette di lime

1. Preriscaldare la griglia. Togliere la buccia al pomodoro e scartarlo. Lavare i pomodorini e tagliarli a metà. Metti le metà del pomodoro sulla griglia non riscaldata di una bistecchiera. Cuocere a 4-5 pollici di calore per 8-10 minuti o fino a quando leggermente carbonizzato, girando una volta a metà cottura. Raffreddare delicatamente nella padella su una gratella.

2. Nel frattempo, in una padella capiente, cuoci il tacchino, il peperone e la cipolla a fuoco medio-alto per 5-10 minuti, o fino a quando il tacchino sarà dorato e le verdure saranno tenere, mescolando con un cucchiaio di legno per spezzare la carne. carne mentre cuoce. Se necessario, scolare il grasso. Aggiungere l'aglio e il condimento messicano. Cuocere e mescolare per un altro 1 minuto.

3. In un frullatore, unisci circa due terzi dei pomodori carbonizzati e 1 tazza di brodo di ossa di pollo. Coprire e mescolare fino a che liscio. Aggiungi il composto di tacchino nella padella. Incorporare la rimanente 1 tazza di brodo di ossa di pollo, i pomodori non spremuti e il peperoncino. Tritare grossolanamente i pomodori rimasti; aggiungere al composto di tacchino. Portare ad ebollizione; ridurre il calore. Coprire e cuocere a fuoco lento per 10 minuti.

4. Per servire, versare la zuppa in ciotole poco profonde. Completare con avocado, pepitas e coriandolo. Passate gli spicchi di lime da spremere sopra la zuppa.

BRODO DI OSSA DI POLLO

FORMAZIONE:15 minuti Arrosto: 30 minuti Cottura: 4 ore Raffreddamento: tutta la notte
Confezione: circa 10 tazze

PER LA DEGUSTAZIONE PIU FRESCA, MIGLIORE E PIU ALTACONTENUTO DI NUTRIENTI: USA BRODO DI POLLO FATTO IN CASA NELLE TUE RICETTE (INOLTRE, SENZA SALE, CONSERVANTI O ADDITIVI). ARROSTIRE LE OSSA PRIMA DELLA BOLLITURA MIGLIORA IL SAPORE. MENTRE CUOCIONO LENTAMENTE NEL LIQUIDO, LE OSSA INFONDONO NEL BRODO MINERALI COME CALCIO, FOSFORO, MAGNESIO E POTASSIO. LA VARIANTE DELLA PENTOLA A COTTURA LENTA DI SEGUITO LO RENDE PARTICOLARMENTE FACILE DA PREPARARE. CONGELALO IN CONTENITORI DA 2 E 4 TAZZE E SCONGELA SOLO CIO DI CUI HAI BISOGNO.

- 2 kg di ali e dorso di pollo
- 4 carote, tritate
- 2 porri grandi, solo la parte bianca e verde chiaro, tagliati a fettine sottili
- 2 gambi di sedano con foglie, tritati grossolanamente
- 1 pastinaca, tritata grossolanamente
- 6 rametti grandi di prezzemolo italiano (con foglie piatte).
- 6 rametti di timo fresco
- 4 spicchi d'aglio, tagliati a metà
- 2 cucchiaini di pepe nero intero in grani
- 2 spicchi interi
- Acqua fredda

1. Preriscaldare il forno a 425°F. Disporre le ali di pollo e il dorso su una grande teglia da forno; arrostire per 30-35 minuti o finché non sarà ben dorato.

2. Trasferisci i pezzi di pollo rosolati e tutti i pezzetti dorati che si sono accumulati sulla teglia in una pentola capiente. Aggiungere carote, porri, sedano, pastinaca, prezzemolo, timo, aglio, pepe in grani e chiodi di garofano. Aggiungi abbastanza acqua fredda (circa 12 tazze) in una pentola grande per coprire il pollo e le verdure. Portare a ebollizione a fuoco medio; regolare il fuoco per mantenere il brodo a fuoco lento, con le bolle che rompono appena la superficie. Coprire e cuocere a fuoco lento per 4 ore.

3. Filtra il brodo caldo attraverso un colino grande rivestito con due strati di garza di cotone umida al 100%. Scartare i solidi. Coprire il brodo e conservare in frigorifero per una notte. Prima dell'uso, rimuovere lo strato di grasso dalla parte superiore del brodo e scartarlo.

Suggerimento: per chiarire il brodo (facoltativo), in una piccola ciotola unire 1 albume, 1 guscio d'uovo tritato e ¼ di tazza di acqua fredda. Mescolare il composto nel brodo filtrato nella pentola. Ritorna a ebollizione. Togliere dal fuoco; lasciare riposare per 5 minuti. Filtrare il brodo caldo attraverso un colino rivestito con un doppio strato di garza di cotone 100%. Raffreddare e sgrassare il grasso prima dell'uso.

Istruzioni per la cottura lenta: preparare come indicato tranne il passaggio 2. Mettere gli ingredienti in una pentola a cottura lenta da 5 a 6 quart. Coprire e cuocere a fuoco basso per 12-14 ore. Continua come indicato al passaggio 3. Per circa 10 tazze.

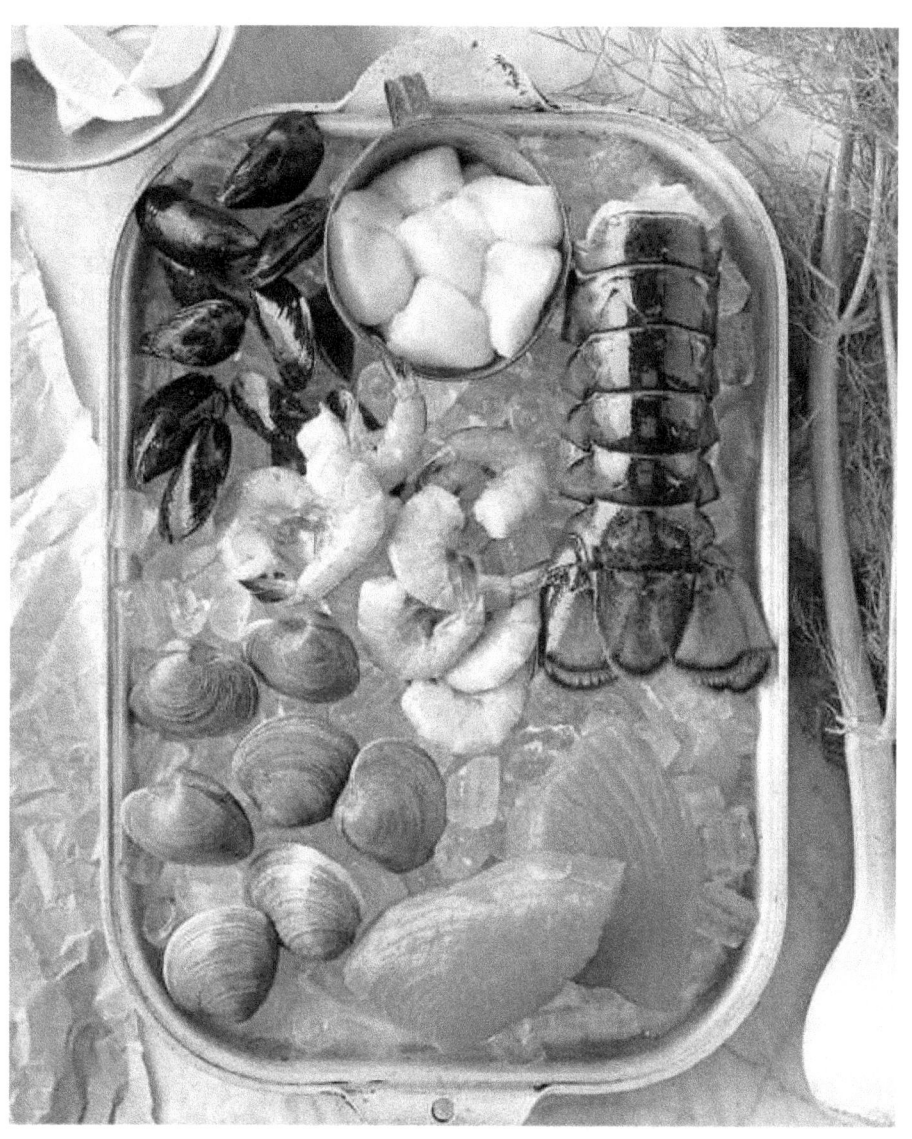

SALMONE VERDE HARISSA

FORMAZIONE:25 minuti cottura al forno: 10 minuti cottura al grill: 8 minuti preparazione: 4 porzioniFOTO

VIENE UTILIZZATO UN PELAPATATE STANDARDPER RADERE GLI ASPARAGI FRESCHI CRUDI IN NASTRI SOTTILI PER L'INSALATA. CONDITO CON UNA BRILLANTE VINAIGRETTE AGLI AGRUMI (VEDIRICETTA) E GUARNITO CON SEMI DI GIRASOLE TOSTATI CON AFFUMICATURA, È UN ACCOMPAGNAMENTO RINFRESCANTE AL SALMONE PICCANTE E ALLA SALSA ALLE ERBE VERDI.

SALMONE
- 4 filetti di salmone da 6 a 8 once, freschi o congelati, senza pelle, spessi circa 1 pollice
- Olio d'oliva

HARISSA
- 1 cucchiaino e mezzo di semi di cumino
- 1 cucchiaino e mezzo di semi di coriandolo
- 1 tazza di foglie di prezzemolo fresco ben confezionate
- 1 tazza di coriandolo fresco tritato grossolanamente (foglie e steli)
- 2 jalapeños privati dei semi e tritati grossolanamente (vedimancia)
- 1 cipolla, tritata
- 2 spicchi d'aglio
- 1 cucchiaino di scorza di limone tritata finemente
- 2 cucchiai di succo di limone fresco
- ⅓ tazza di olio d'oliva

SEMI DI GIRASOLE SPEZIATI
- ⅓ tazza di semi di girasole crudi
- 1 cucchiaino di olio d'oliva
- 1 cucchiaino di spezie affumicate (vediricetta)

INSALATA

12 gambi di asparagi grandi, mondati (circa 1 kg)
⅓ tazza di vinaigrette agli agrumi luminosi (vedi ricetta)

1. Scongelare il pesce, se congelato; asciugare con carta assorbente. Spennellare leggermente entrambi i lati del pesce con olio d'oliva. Accantonare.

2. Per l'harissa, in un pentolino tostare i semi di cumino e di coriandolo a fuoco medio-basso per 3-4 minuti o fino a quando saranno leggermente tostati e fragranti. In un robot da cucina, unisci i semi di cumino e coriandolo tostati, prezzemolo, coriandolo, jalapeños, scalogno, aglio, scorza di limone, succo di limone e olio d'oliva. Procedere fino a che liscio. Accantonare.

3. Per i semi di girasole conditi, preriscaldare il forno a 180°C. Foderare una teglia con carta da forno; accantonare. In una piccola ciotola unire i semi di girasole e 1 cucchiaino di olio d'oliva. Cospargere la spezia affumicata sui semi; gettare per ricoprire. Distribuire uniformemente i semi di girasole sulla carta da forno. Cuocere per circa 10 minuti o fino a quando leggermente tostato.

4. Per una griglia a carbone o a gas, posizionare il salmone su una griglia unta direttamente a fuoco medio. Coprire e cuocere alla griglia per 8-12 minuti o fino a quando il pesce inizia a sfaldarsi quando viene provato con una forchetta, girando una volta a metà cottura.

5. Nel frattempo, per l'insalata, utilizzando un pelapatate, tagliare i gambi degli asparagi in nastri lunghi e sottili. Trasferire su un piatto o una ciotola media. (Le punte si romperanno man mano che le lance si assottigliano;

aggiungile al piatto o alla ciotola.) Irrora la brillante vinaigrette agli agrumi sulle lance rasate. Cospargere con semi di girasole conditi.

6. Per servire, disporre un filetto su ciascuno dei quattro piatti; mettere un cucchiaio di harissa verde su ogni filetto. Servito con insalata di asparagi grattugiati.

SALMONE GRIGLIATO CON INSALATA DI CUORI DI CARCIOFI MARINATI

FORMAZIONE: 20 minuti grill: 12 minuti per: 4 porzioni

SPESSO GLI STRUMENTI MIGLIORI PER CONDIRE UN'INSALATA SONO LE TUE MANI PER INCORPORARE UNIFORMEMENTE LA TENERA LATTUGA E I CARCIOFI GRIGLIATI IN QUESTA INSALATA, È MEGLIO FARLO CON LE MANI PULITE.

- 4 filetti di salmone freschi o congelati da 6 once
- Confezione da 1 confezione da 9 once di cuori di carciofo congelati, scongelati e scolati
- 5 cucchiai di olio d'oliva
- 2 cucchiai di scalogno tritato
- 1 cucchiaio di scorza di limone tritata finemente
- ¼ tazza di succo di limone fresco
- 3 cucchiai di origano fresco tritato
- ½ cucchiaino di pepe nero appena macinato
- 1 cucchiaio di condimento mediterraneo (vedi ricetta)
- 1 confezione da 5 once di lattuga baby

1. Scongelare il pesce, se è congelato. Sciacquare il pesce; asciugare con carta assorbente. Metti da parte il pesce.

2. In una ciotola media, condisci i cuori di carciofo con 2 cucchiai di olio d'oliva; accantonare. In una ciotola capiente, unisci 2 cucchiai di olio d'oliva, scalogno, scorza di limone, succo di limone e origano; accantonare.

3. Per una griglia a carbone o a gas, posiziona i cuori di carciofo in un cestello e grigliali direttamente a fuoco medio-alto. Coprire e grigliare per 6-8 minuti o finché non sarà ben carbonizzato e riscaldato, mescolando spesso.

Togliere i carciofi dalla griglia. Lasciare raffreddare per 5 minuti, quindi aggiungere i carciofi al composto di scalogno. Condire con pepe; gettare per coprire. Accantonare.

4. Spennellare il salmone con 1 cucchiaio di olio d'oliva rimanente; cospargere con condimento mediterraneo. Metti il salmone sulla griglia, con il lato condito rivolto verso il basso, direttamente a fuoco medio-alto. Coprire e cuocere alla griglia per 6-8 minuti o fino a quando il pesce inizia a sfaldarsi quando viene provato con una forchetta, girando con attenzione una volta a metà cottura.

5. Aggiungi la lattuga alla ciotola con i carciofi marinati; mescolare delicatamente per ricoprire. Servire l'insalata di salmone grigliato.

SALMONE CILENO ARROSTO CON SALVIA CON SALSA DI POMODORI VERDI

FORMAZIONE: 35 minuti freddo: da 2 a 4 ore bistecca: 10 minuti per: 4 porzioni

"TORREFAZIONE FLASH" SI RIFERISCE ALLA TECNICA DI SCALDARE UNA PADELLA ASCIUTTA NEL FORNO A TEMPERATURA ALTA, AGGIUNGERE UN FILO D'OLIO E IL PESCE, IL POLLO O LA CARNE (SFRIGOLANTE!), QUINDI FINIRE LA PIROFILA NEL FORNO. LA FRITTURA RAPIDA RIDUCE I TEMPI DI COTTURA E CREA UNA CROSTA DELIZIOSAMENTE CROCCANTE ALL'ESTERNO E UN INTERNO SUCCOSO E SAPORITO.

SALMONE

- 4 filetti di salmone freschi o congelati da 5 a 6 once
- 3 cucchiai di olio d'oliva
- ¼ tazza di cipolla tritata finemente
- 2 spicchi d'aglio, puliti e tagliati a fette
- 1 cucchiaio di coriandolo macinato
- 1 cucchiaino di cumino macinato
- 2 cucchiaini di paprika dolce
- 1 cucchiaino di origano secco, tritato
- ¼ cucchiaino di pepe di cayenna
- ⅓ tazza di succo di limone fresco
- 1 cucchiaio di salvia fresca tritata

SALSA DI POMODORI VERDI

- 1 tazza e ½ di pomodori verdi a dadini
- ⅓ tazza di cipolla rossa tritata finemente
- 2 cucchiai di coriandolo fresco tritato
- 1 jalapeño, senza semi e tritato (vedi mancia)

1 spicchio d'aglio, tritato

½ cucchiaino di cumino macinato

¼ cucchiaino di peperoncino in polvere

2 o 3 cucchiai di succo di limone fresco

1. Scongelare il pesce, se è congelato. Sciacquare il pesce; asciugare con carta assorbente. Metti da parte il pesce.

2. Per la pasta di salvia, in una piccola casseruola, unisci 1 cucchiaio di olio d'oliva, cipolla e aglio. Cuocere a fuoco basso per 1 o 2 minuti o fino a quando non diventa fragrante. Mescolare il coriandolo e il cumino; cuocere e mescolare per 1 minuto. Mescolare paprika, origano e pepe di Caienna; cuocere e mescolare per 1 minuto. Aggiungere il succo di limone e la salvia; cuocere e mescolare per circa 3 minuti o solo finché non si forma una pasta liscia; Freddo

3. Usando le dita, spennellare entrambi i lati dei filetti con pasta di salvia e peperoncino. Metti il pesce in un contenitore di vetro o non reattivo; coprire bene con pellicola trasparente. Conservare in frigorifero per 2-4 ore.

4. Nel frattempo, per la salsa, in una ciotola media unisci i pomodori, la cipolla, il coriandolo, lo jalapeño, l'aglio, il cumino e il peperoncino in polvere. Mescolare bene per unire. Cospargere con succo di limone; gettare per coprire.

4. Usando una spatola di gomma, gratta via quanta più pasta possibile dal salmone. Scartare la pasta.

5. Metti una padella di ghisa molto grande nel forno. Preriscaldare il forno a 500 ° F. Preriscaldare il forno con la padella dentro.

6. Togliere la padella calda dal forno. Versare 1 cucchiaio di olio d'oliva nella padella. Capovolgere la padella per ricoprire il fondo della padella con olio. Disporre i filetti nella padella, con la pelle rivolta verso il basso. Spennellare la parte superiore dei filetti con il restante 1 cucchiaio di olio d'oliva.

7. Cuocere il salmone per circa 10 minuti o fino a quando il pesce inizia a sfaldarsi quando viene provato con una forchetta. Servire il pesce con la salsa.

SALMONE ARROSTO E ASPARAGI IN CARTOCCI CON PESTO DI LIMONE E NOCCIOLE

FORMAZIONE:Bistecca da 20 minuti: 17 minuti per: 4 porzioni

CUCINARE "EN PAPILLOTE" SIGNIFICA SEMPLICEMENTE CUOCERE NELLA CARTA.E UN BEL MODO DI CUCINARE PER MOLTE RAGIONI. IL PESCE E LE VERDURE CUOCIONO A VAPORE NEL PACCHETTO DI PERGAMENA, SIGILLANDO SUCCHI, SAPORE E SOSTANZE NUTRITIVE, E NON CI SONO PENTOLE E PADELLE DA LAVARE DOPO.

- 4 filetti di salmone freschi o congelati da 6 once
- 1 tazza di foglie di basilico fresco confezionate senza stringere
- 1 tazza di foglie di prezzemolo fresco leggermente confezionate
- ½ tazza di nocciole tostate*
- 5 cucchiai di olio d'oliva
- 1 cucchiaino di scorza di limone tritata finemente
- 2 cucchiai di succo di limone fresco
- 1 spicchio d'aglio, tritato
- 1 chilo di asparagi sottili, tagliati
- 4 cucchiai di vino bianco secco

1. Scongelare il salmone, se congelato. Sciacquare il pesce; asciugare con carta assorbente. Preriscaldare il forno a 400 ° F.

2. Per il pesto, in un frullatore o in un robot da cucina unire il basilico, il prezzemolo, le nocciole, l'olio d'oliva, la scorza di limone, il succo di limone e l'aglio. Coprire e frullare o lavorare fino a che liscio; accantonare.

3. Taglia quattro quadrati da 12 pollici di carta pergamena. Per ogni confezione posizionare un filetto di salmone al centro di un quadrato di pergamena. Completare con un quarto degli asparagi e 2 o 3 cucchiai di pesto; irrorare con 1 cucchiaio di vino. Prendi due lati opposti della carta da forno e piegali insieme alcune volte sopra il pesce. Piegare le estremità della pergamena per sigillare. Ripetere l'operazione per realizzare altre tre confezioni.

4. Arrostire per 17-19 minuti o fino a quando il pesce inizia a sfaldarsi quando viene provato con una forchetta (aprire con attenzione la confezione per verificare la cottura).

*Suggerimento: per tostare le nocciole, preriscaldare il forno a 180°C. Distribuire le noci in un unico strato in una teglia poco profonda. Cuocere in forno per 8-10 minuti o fino a doratura leggera, mescolando una volta per una doratura uniforme. Raffreddare un po' le noci. Metti le noci calde su un canovaccio pulito; strofinare con un asciugamano per rimuovere la pelle flaccida.

SALMONE SPEZIATO CON SALSA DI FUNGHI E MELE

DALL'INIZIO ALLA FINE: 40 minuti fanno: 4 porzioni

TUTTO QUESTO FILETTO DI SALMONE CONDITO CON UN MIX DI FUNGHI SALTATI, SCALOGNO, FETTE DI MELA DALLA BUCCIA ROSSA - E SERVITO SU UN LETTO DI SPINACI VERDE BRILLANTE - COSTITUISCE UN PIATTO IMPRESSIONANTE DA SERVIRE AGLI OSPITI.

- 1 filetto di salmone intero, fresco o congelato, 1,5 kg, con la pelle
- 1 cucchiaino di semi di finocchio, tritati finemente*
- ½ cucchiaino di salvia secca, tritata
- ½ cucchiaino di coriandolo macinato
- ¼ di cucchiaino di senape secca
- ¼ cucchiaino di pepe nero
- 2 cucchiai di olio d'oliva
- 1 tazza e ½ di funghi cremini freschi, tagliati in quarti
- 1 scalogno medio, affettato molto sottile
- 1 piccola mela da cucina, tagliata in quarti, senza torsolo e affettata sottilmente
- ¼ di bicchiere di vino bianco secco
- 4 tazze di spinaci freschi
- Piccoli rametti di salvia fresca (facoltativo)

1. Scongelare il salmone, se congelato. Preriscaldare il forno a 425 ° F. Foderare una grande teglia con carta da forno; accantonare. Sciacquare il pesce; asciugare con carta assorbente. Disporre il salmone, con la pelle rivolta verso il basso, sulla teglia preparata. In una piccola ciotola unire i semi di finocchio, ½ cucchiaino di salvia essiccata, coriandolo, senape e pepe. Cospargere uniformemente il salmone; strofinare con le dita.

2. Misurare lo spessore del pesce. Cuocere il salmone per 4-6 minuti per uno spessore di ½ pollice, o fino a quando il pesce inizia a sfaldarsi quando viene provato con una forchetta.

3. Nel frattempo, per la salsa in padella, scaldare l'olio d'oliva in una padella capiente a fuoco medio. Aggiungere funghi e scalogno; cuocere da 6 a 8 minuti o fino a quando i funghi saranno teneri e inizieranno a dorarsi, mescolando di tanto in tanto. Aggiungi mela; coprire e cuocere e mescolare per altri 4 minuti. Aggiungere con attenzione il vino. Cuocere, senza coperchio, per 2-3 minuti o fino a quando le fette di mela saranno appena tenere. Usando una schiumarola, trasferisci il composto di funghi in una ciotola media; coprire per mantenersi al caldo.

4. Nella stessa padella, cuoci gli spinaci per 1 minuto o finché non saranno appassiti, mescolando continuamente. Dividere gli spinaci in quattro piatti da portata. Tagliare il filetto di salmone in quattro parti uguali, tagliando la pelle ma non la pelle. Utilizzare una spatola grande per sollevare le porzioni di salmone dalla pelle; mettere una porzione di salmone sugli spinaci su ogni piatto. Distribuire uniformemente il composto di funghi sul salmone. Se lo si desidera, guarnire con salvia fresca.

*Suggerimento: utilizzare un mortaio e un pestello o un macinaspezie per tritare finemente i semi di finocchio.

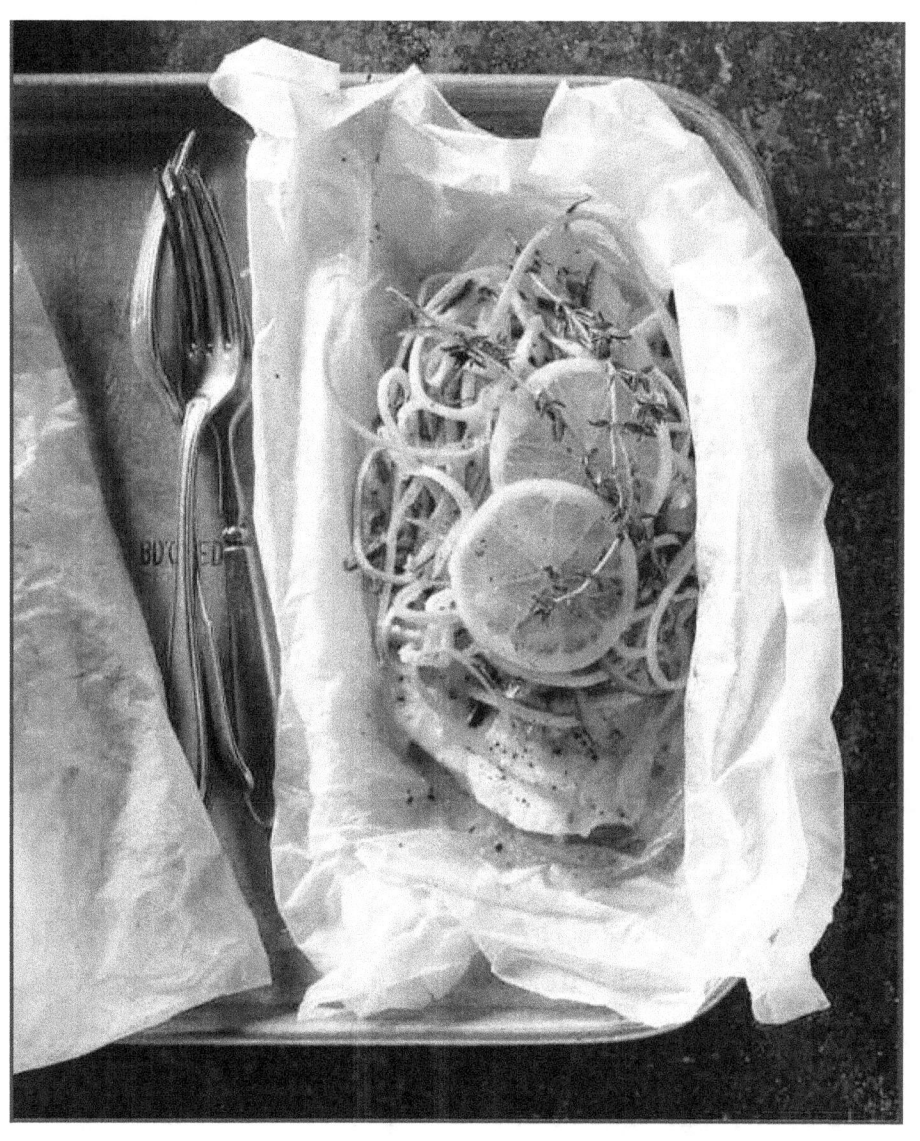

SOLE AL CARTOCCIO CON VERDURE ALLA JULIENNE

FORMAZIONE:30 minuti di cottura: 12 minuti per la preparazione: 4 porzioni<u>FOTO</u>

PUOI SICURAMENTE FARE DELLE VERDURE A JULIENNECON UN BUON COLTELLO DA CHEF AFFILATO, MA RICHIEDE MOLTO TEMPO. UN PELAPATATE A JULIENNE (VEDI<u>"ATTREZZATURA"</u>) CONSENTE DI CREARE RAPIDAMENTE STRISCE DI VERDURE LUNGHE, SOTTILI E DALLA FORMA UNIFORME.

4 6 once di sogliola fresca o congelata, passera o altri filetti di pesce bianco sodo

1 zucchina, tagliata a julienne

1 carota grande, tagliata a julienne

½ cipolla rossa, tagliata a julienne

2 pomodorini Roma, snocciolati e tritati finemente

2 spicchi d'aglio, tritati

1 cucchiaio di olio d'oliva

½ cucchiaino di pepe nero

1 limone, tagliato in 8 fette sottili, senza semi

8 rametti di timo fresco

4 cucchiaini di olio d'oliva

¼ di bicchiere di vino bianco secco

1. Scongelare il pesce, se è congelato. Preriscaldare il forno a 375 ° F. In una ciotola capiente, unire le zucchine, la carota, la cipolla, il pomodoro e l'aglio. Aggiungere 1 cucchiaio di olio d'oliva e ¼ di cucchiaino di pepe; mescolare bene per unire. Metti da parte le verdure.

2. Taglia quattro quadrati di carta pergamena da 14 pollici. Sciacquare il pesce; asciugare con carta assorbente. Posiziona una linguetta al centro di ogni quadrato. Cospargere con il restante ¼ di cucchiaino di pepe.

Disporre le verdure, gli spicchi di limone e i rametti di timo sopra i filetti, dividendoli uniformemente. Condire ogni pila con 1 cucchiaino di olio d'oliva e 1 cucchiaio di vino bianco.

3. Lavorando con un pacchetto alla volta, sollevare i due lati opposti della carta da forno e ripiegare il pesce più volte. Piegare le estremità della pergamena per sigillare.

4. Disporre i cartocci su una grande teglia. Cuocere per circa 12 minuti o fino a quando il pesce inizia a sfaldarsi quando viene provato con una forchetta (aprire con attenzione la confezione per verificare la cottura).

5. Per servire, disporre ogni confezione su un piatto; aprire i pacchi con attenzione.

TACOS DI PESCE AL PESTO DI RUCOLA CON CREMA AFFUMICATA AL LIME

FORMAZIONE:Grill da 30 minuti: da 4 a 6 minuti per ½ pollice di spessore significa: 6 porzioni

PUOI SOSTITUIRE IL CODICE CON LA SUOLA- MA NON TILAPIA. LA TILAPIA È PURTROPPO UNA DELLE PEGGIORI SCELTE PER I PESCI. VIENE QUASI UNIVERSALMENTE ALLEVATO IN FATTORIA E SPESSO VIVE IN CONDIZIONI ORRIBILI, QUINDI ANCHE SE LA TILAPIA È QUASI ONNIPRESENTE, DOVREBBE ESSERE EVITATA.

4 filetti di sogliola da 4 a 5 once, freschi o congelati, spessi circa ½ pollice

1 ricetta pesto di rucola (vediricetta)

½ tazza di crema di anacardi (vediricetta)

1 cucchiaino di spezie affumicate (vediricetta)

½ cucchiaino di scorza di limone grattugiata finemente

12 foglie di lattuga

1 avocado maturo, tagliato a metà, senza semi, sbucciato e tagliato a fettine sottili

1 tazza di pomodori tritati

¼ tazza di coriandolo fresco tritato

1 lime, affettato

1. Scongelare il pesce, se è congelato. Sciacquare il pesce; asciugare con carta assorbente. Metti da parte il pesce.

2. Strofinare un po' di pesto di rucola su entrambi i lati del pesce.

3. Per una griglia a carbone o a gas, posizionare il pesce su una griglia unta direttamente a fuoco medio. Coprire e cuocere alla griglia per 4-6 minuti o fino a quando il pesce inizia a sfaldarsi quando viene provato con una forchetta, girando una volta a metà cottura.

4. Nel frattempo, per la Smoky Lime Cream, in una piccola ciotola sbatti insieme la crema di anacardi, le spezie affumicate e la scorza di limone.

5. Usando una forchetta, spezza il pesce a pezzi. Riempire le foglie di burro con il pesce, le fette di avocado e i pomodori; cospargere con coriandolo. Condire i tacos con la crema al lime affumicata. Servire con spicchi di lime da spremere sopra i tacos.

SOGLIOLA CON CROSTA DI MANDORLE

FORMAZIONE: 15 minuti cottura: 3 minuti preparazione: 2 porzioni

SOLO UN PO' DI FARINA DI MANDORLE CREA UNA BELLISSIMA CROSTA SU QUESTO PESCE SALTATO IN PADELLA CHE CUOCE ESTREMAMENTE VELOCEMENTE, SERVITO CON CREMOSA MAIONESE SOTTACETO E UNA SPRUZZATA DI LIMONE FRESCO.

12 once di filetti di sogliola freschi o congelati

1 cucchiaio di condimento al limone e alle erbe (vedi ricetta)

Da ¼ a ½ cucchiaino di pepe nero

⅓ tazza di farina di mandorle

2 o 3 cucchiai di olio d'oliva

¼ di tazza di Paleo Mayo (vedi ricetta)

1 cucchiaino di aneto fresco tritato

Ruote di limone

1. Scongelare il pesce, se è congelato. Sciacquare il pesce; asciugare con carta assorbente. In una piccola ciotola, mescolare insieme i condimenti al limone, alle erbe e al pepe. Spennellare entrambi i lati dei filetti con la miscela di spezie, premendo leggermente per farli aderire. Distribuire la farina di mandorle su un piatto grande. Immergere un lato di ciascun filetto nella farina di mandorle, premendo leggermente per farla aderire.

2. In una padella capiente, scaldare abbastanza olio da coprire la padella a fuoco medio-alto. Aggiungi il pesce, con i lati ricoperti rivolti verso il basso. Cuocere per 2 minuti. Girare con attenzione il pesce; cuocere circa 1 minuto in più o fino a quando il pesce inizia a sfaldarsi quando viene provato con una forchetta.

3. Per la salsa, in una piccola ciotola mescolare la maionese Paleo e l'aneto. Servire il pesce con salsa e spicchi di limone.

BUSTINE DI MERLUZZO E ZUCCHINE GRIGLIATE CON SALSA PICCANTE AL MANGO E BASILICO

FORMAZIONE:20 minuti grill: 6 minuti per: 4 porzioni

Da 1 a 1½ libbre di merluzzo fresco o congelato, spesso da ½ a 1 pollice
4 pezzi di pellicola lunga 24 pollici e larga 12 pollici
1 zucchina media, tagliata a julienne
Condimento alle erbe di limone (vediricetta)
¼ di tazza di Chipotle Paleo Mayo (vediricetta)
Da 1 a 2 cucchiai di purea di mango maturo*
1 cucchiaio di succo fresco di limone o lime o aceto di vino di riso
2 cucchiai di basilico fresco tritato

1. Scongelare il pesce, se è congelato. Sciacquare il pesce; asciugare con carta assorbente. Tagliare il pesce in quattro pezzi della grandezza di una porzione.

2. Piega ciascun pezzo di pellicola a metà per creare un doppio quadrato da 12 pollici. Disporre una porzione di pesce al centro di un quadrato di pellicola. Coprire con un quarto della zucca. Cospargere con condimento al limone ed erbe aromatiche. Prendi i due lati opposti della pellicola e piegali più volte sulla zucca e sul pesce. Piegare le estremità della pellicola. Ripetere l'operazione per realizzare altre tre confezioni. Per la salsa, in una piccola ciotola unire il Chipotle Paleo Mayo, il mango, il succo di lime e il basilico; accantonare.

3. Per una griglia a carbone o a gas, posizionare i pacchetti direttamente sulla griglia oliata a fuoco medio. Coprire e cuocere alla griglia per 6-9 minuti, o fino a quando il pesce

inizia a sfaldarsi quando viene provato con una forchetta e la zucca diventa croccante e tenera (aprire con attenzione la confezione per verificare la cottura). Non girare le confezioni durante la grigliatura. Coprire ogni porzione con la salsa.

*Suggerimento: per la purea di mango, unisci ¼ di tazza di mango tritato e 1 cucchiaio di acqua in un frullatore. Coprire e mescolare fino a che liscio. Aggiungi la purea di mango rimasta al frullato.

MERLUZZO BOLLITO AL RIESLING CON POMODORI RIPIENI DI PESTO

FORMAZIONE:30 minuti tempo di cottura: 10 minuti per: 4 porzioni

Filetti di merluzzo freschi o congelati da 1 a 1½ libbre, spessi circa 1 pollice
4 pomodori rom
3 cucchiai di pesto di basilico (vedi<u>ricetta</u>)
¼ cucchiaino di pepe nero spezzato
1 tazza di Riesling secco o Sauvignon Blanc
1 rametto di timo fresco o ½ cucchiaino di timo secco, tritato
1 foglia di alloro
½ tazza d'acqua
2 cucchiai di tè verde tritato
Ruote di limone

1. Scongelare il pesce, se è congelato. Tagliare i pomodorini a metà in senso orizzontale. Togliere i semi e parte della polpa. (Se il pomodoro deve restare piatto, tagliare una fetta molto sottile dall'estremità, facendo attenzione a non fare un buco nel fondo del pomodoro.) Versare un po' di pesto in ciascuna metà di pomodoro; cospargere con pepe spezzato; accantonare.

2. Sciacquare il pesce; asciugare con carta assorbente. Tagliare il pesce in quattro pezzi. Metti la pentola a vapore in una padella larga con un coperchio ermetico. Aggiungi circa ½ pollice di acqua nella padella. Portare ad ebollizione; ridurre il calore a medio. Aggiungere i pomodori, tagliati verso l'alto, nel cestello. Coprire e cuocere a vapore per 2 o 3 minuti o fino a quando non sarà completamente riscaldato.

3. Rimuovi i pomodori su un piatto; coprire per mantenersi al caldo. Togliere il cestello vapore dalla padella; buttare via l'acqua. Aggiungi vino, timo, alloro e ½ tazza d'acqua nella padella. Portare ad ebollizione; Ridurre la temperatura a medio bassa. Aggiungere il pesce e il tè verde. Cuocere a fuoco lento, coperto, per 8-10 minuti o fino a quando il pesce inizia a sfaldarsi quando viene provato con una forchetta.

4. Irrorare il pesce con un po' di liquido per la cottura in camicia. Servire il pesce con pomodori ripieni di pesto e spicchi di limone.

MERLUZZO FRITTO CON CROSTA DI PISTACCHI, CORIANDOLO E PATATE DOLCI SCHIACCIATE

FORMAZIONE:20 minuti di cottura: 10 minuti di cottura: da 4 a 6 minuti per ½ pollice di spessore per: 4 porzioni

Da 1 a 1½ chilogrammi di merluzzo fresco o congelato
Olio d'oliva o olio di cocco raffinato
2 cucchiai di pistacchi macinati, noci pecan o mandorle
1 albume d'uovo
½ cucchiaino di scorza di limone grattugiata finemente
1½ kg di patate dolci, sbucciate e tagliate a pezzi
2 spicchi d'aglio
1 cucchiaio di olio di cocco
1 cucchiaio di zenzero fresco grattugiato
½ cucchiaino di cumino macinato
¼ tazza di latte di cocco (come Nature's Way)
4 cucchiaini di pesto di coriandolo o pesto di basilico (vedi prescrizione)

1. Scongelare il pesce, se è congelato. Preriscaldare la griglia. Portaolio di una padella per griglia. In una piccola ciotola unire le noci tritate, l'albume e la scorza di limone; accantonare.

2. Per il purè di patate dolci, in una casseruola media cuocere le patate dolci e l'aglio in acqua bollente sufficiente a coprire per 10-15 minuti o finché saranno teneri. perdita; mettere le patate dolci e l'aglio nella casseruola. Utilizzando uno schiacciapatate, schiacciare le patate dolci. Mescolare 1 cucchiaio di olio di cocco, zenzero e cumino. Sbattere nel latte di cocco fino a quando diventa chiaro e soffice.

3. Sciacquare il pesce; asciugare con carta assorbente. Tagliare il pesce in quarti e posizionarlo sulla griglia preparata e non riscaldata di una griglia. Infila sotto eventuali bordi sottili. Spennellare ogni pezzo con pesto di coriandolo. Mettete il composto di noci sul pesto e stendetelo delicatamente. Cuocere il pesce a una temperatura di 4 pollici per 4-6 minuti per uno spessore di ½ pollice o fino a quando il pesce inizia a sfaldarsi quando viene provato con una forchetta, coprendo con un foglio di alluminio durante la cottura se il rivestimento inizia a bruciare. Servire il pesce con patate dolci.

MERLUZZO AL ROSMARINO E MANDARINO CON BROCCOLI ARROSTITI

FORMAZIONE: 15 minuti marinatura: fino a 30 minuti cottura: 12 minuti preparazione: 4 porzioni

- Da 1 a 1½ chilogrammi di merluzzo fresco o congelato
- 1 cucchiaino di buccia di mandarino tritata finemente
- ½ tazza di mandarino fresco o succo d'arancia
- 4 cucchiai di olio d'oliva
- 2 cucchiaini di rosmarino fresco tritato
- Da ¼ a ½ cucchiaino di pepe nero spezzato
- 1 cucchiaino di buccia di mandarino tritata finemente
- 3 tazze di cimette di broccoli
- ¼ cucchiaino di pepe rosso macinato
- Fette di mandarino, semi rimossi

1. Preriscaldare il forno a 450 ° F. Scongelare il pesce, se congelato. Sciacquare il pesce; asciugare con carta assorbente. Tagliare il pesce in quattro pezzi della grandezza di una porzione. Misurare lo spessore del pesce. In una ciotola poco profonda, unisci la buccia di mandarino, il succo di mandarino, 2 cucchiai di olio d'oliva, rosmarino e pepe nero; aggiungere il pesce. Coprire e marinare in frigorifero per un massimo di 30 minuti.

2. In una ciotola capiente, condisci i broccoli con i restanti 2 cucchiai di olio d'oliva e il peperoncino tritato. Mettere in una teglia da 2 litri.

3. Spennellare leggermente una teglia bassa con olio extra d'oliva. Scolare il pesce, conservando la marinata.

Disporre il pesce nella padella, nascondendolo sotto eventuali bordi sottili. Metti il pesce e i broccoli nel forno. Cuocere i broccoli per 12-15 minuti o fino a quando diventano teneri, mescolando una volta a metà cottura. Cuocere il pesce per 4-6 minuti per ogni spessore di ½ pollice di pesce o fino a quando il pesce inizia a sfaldarsi quando viene provato con una forchetta.

4. In un pentolino portare a ebollizione la marinata riservata; cuocere per 2 minuti. Versare la marinata sul pesce cotto. Servire il pesce con broccoli e fette di mandarino.

AVVOLGERE CON INSALATA DI MERLUZZO VERDE CON CURRY DI RAVANELLO MARINATO

FORMAZIONE:20 minuti di riposo: 20 minuti di cottura: 6 minuti per la preparazione: 4 porzioniFOTO

1 kg di filetti di merluzzo fresco o congelato
6 ravanelli, tritati grossolanamente
6-7 cucchiai di aceto di sidro
½ cucchiaino di pepe rosso macinato
2 cucchiai di olio di cocco non raffinato
¼ di tazza di burro di mandorle
1 spicchio d'aglio, tritato
2 cucchiaini di zenzero grattugiato finemente
2 cucchiai di olio d'oliva
Da 1½ a 2 cucchiaini di curry in polvere non salato
Da 4 a 8 foglie di lattuga o foglie di lattuga
1 peperone rosso dolce, tagliato a julienne
2 cucchiai di coriandolo fresco tritato

1. Scongelare il pesce, se è congelato. In una ciotola media, unisci i ravanelli, 4 cucchiai di aceto e ¼ di cucchiaino di peperoncino tritato; lasciate riposare per 20 minuti mescolando di tanto in tanto.

2. Per la salsa al burro di mandorle, sciogliere l'olio di cocco in un pentolino a fuoco basso. Mescolare il burro di mandorle fino a che liscio. Aggiungere l'aglio, lo zenzero e ¼ di cucchiaino di peperoncino tritato. Togliere dal fuoco. Aggiungi i rimanenti 2 o 3 cucchiai di aceto di sidro, mescolando fino a che liscio; accantonare. (La salsa si addenserà leggermente quando si aggiunge l'aceto.)

3. Sciacquare il pesce; asciugare con carta assorbente. In una padella capiente, scaldare l'olio d'oliva e il curry in polvere a fuoco medio. Aggiungi pesce; cuocere da 3 a 6 minuti o fino a quando il pesce inizia a sfaldarsi quando viene provato con una forchetta, girandolo una volta a metà cottura. Utilizzando due forchette, tritare grossolanamente il pesce.

4. Scolare i ravanelli; scartare la marinata. Versare il pesce, le strisce di peperone dolce, il composto di ravanelli e il condimento al burro di mandorle in ogni foglia di lattuga. Cospargere di coriandolo. Avvolgere la foglia attorno al ripieno. Se lo si desidera, fissare gli involucri con stuzzicadenti di legno.

EGLEFINO FRITTO CON LIMONE E FINOCCHIO

FORMAZIONE:25 minuti arrosto: 50 minuti per: 4 porzioni

EGLEFINO, MERLUZZO E MERLUZZO CE L'HANNO TUTTICARNE BIANCA, SODA E LEGGERMENTE AROMATIZZATA. SONO INTERCAMBIABILI NELLA MAGGIOR PARTE DELLE RICETTE, INCLUSO QUESTO SEMPLICE PIATTO DI PESCE E VERDURE AL FORNO CON ERBE E VINO.

- 4 filetti di eglefino, merluzzo o merluzzo freschi o congelati da 6 once, spessi circa ½ pollice
- 1 finocchio a bulbo grande, privato del torsolo e affettato, le foglie tenute da parte e tritate
- 4 carote medie, dimezzate verticalmente e tagliate in pezzi lunghi da 2 a 3 pollici
- 1 cipolla rossa, tagliata a metà e affettata
- 2 spicchi d'aglio, tritati
- 1 limone, affettato sottilmente
- 3 cucchiai di olio d'oliva
- ½ cucchiaino di pepe nero
- ¾ bicchiere di vino bianco secco
- 2 cucchiai di prezzemolo fresco tritato finemente
- 2 cucchiai di foglie di finocchio fresco tritate
- 2 cucchiaini di scorza di limone tritata finemente

1. Scongelare il pesce, se è congelato. Preriscaldare il forno a 400 ° F. In una pentola rettangolare da 3 litri, unire il finocchio, le carote, la cipolla, l'aglio e le fette di limone. Condire con 2 cucchiai di olio d'oliva e cospargere con ¼ di cucchiaino di pepe; gettare per coprire. Versare il vino nel piatto. Coprire la ciotola con un foglio di alluminio.

2. Arrostire per 20 minuti. Scoprire; aggiungere il composto di verdure. Arrostire per altri 15-20 minuti o fino a quando le verdure saranno croccanti e tenere. Incorporate il composto di verdure. Cospargere il pesce con ¼ di cucchiaino rimanente di pepe; posizionare il pesce sopra il composto di verdure. Condire con 1 cucchiaio di olio d'oliva rimanente. Cuocere per circa 8-10 minuti o fino a quando il pesce inizia a sfaldarsi quando viene provato con una forchetta.

3. In una piccola ciotola unire il prezzemolo, le foglie di finocchio e la scorza di limone. Per servire, dividere il composto di pesce e verdure nei piatti da portata. Sopra pesce e verdure con un cucchiaio di sugo. Cospargere con il composto di prezzemolo.

DENTICE IN CROSTA DI NOCI PECAN CON GOMBO CAJUN E REMOULADE DI POMODORO

FORMAZIONE:1 ora cottura: 10 minuti cottura: 8 minuti preparazione: 4 porzioni

QUESTO PIATTO DI PESCE E DEGNO DI COMPAGNIACI VUOLE UN PO' DI TEMPO PER PREPARARLO, MA I SAPORI RICCHI NE VALGONO LA PENA. LA REMOULADE, UNA SALSA A BASE DI MAIONESE AROMATIZZATA CON SENAPE, LIMONE E CAJUN E PREPARATA CON PEPERONI ROSSI TRITATI, CIPOLLE VERDI E PREZZEMOLO, PUO ESSERE PREPARATA IL GIORNO PRIMA E REFRIGERATA.

- 4 cucchiai di olio d'oliva
- ½ tazza di noci pecan tritate finemente
- 2 cucchiai di prezzemolo fresco tritato
- 1 cucchiaio di timo fresco tritato
- 2 filetti rossi da 8 once, spessi ½ pollice
- 4 cucchiaini di condimento cajun (vedi_ricetta_)
- ½ tazza di cipolla a dadini
- ½ tazza di peperone verde a dadini
- ½ tazza di sedano a dadini
- 1 cucchiaio di aglio tritato
- 1 libbra di baccelli di gombo freschi, tagliati a fette spesse 1 pollice (o asparagi freschi, tagliati a lunghezze di 1 pollice)
- 8 once di pomodorini o uva, tagliati a metà
- 2 cucchiaini di timo fresco tritato
- Pepe nero
- Rémoulade (vedi ricetta a destra)

1. Scaldare 1 cucchiaio di olio d'oliva in una padella media a fuoco medio. Aggiungere le noci pecan e tostarle per circa

5 minuti o fino a quando saranno dorate e fragranti, mescolando spesso. Trasferisci le noci pecan in una piccola ciotola e lasciale raffreddare. Aggiungere prezzemolo e timo e mettere da parte.

2. Preriscaldare il forno a 400 ° F. Foderare una teglia con carta da forno o pellicola. Disporre i filetti di dentice sulla teglia, con la pelle rivolta verso il basso, e cospargerli ciascuno con 1 cucchiaino di condimento Cajun. Utilizzando un pennello da cucina, spennellare i filetti con 2 cucchiai di olio d'oliva. Dividere uniformemente il composto di noci pecan tra i filetti, premendo delicatamente le noci pecan sulla superficie del pesce in modo che aderiscano. Se possibile, coprire tutte le parti esposte del filetto di pesce con le noci. Cuocere il pesce per 8-10 minuti o finché non si sfalda facilmente con la punta di un coltello.

3. In una padella capiente, scalda il restante 1 cucchiaio di olio d'oliva a fuoco medio-alto. Aggiungere la cipolla, il peperone, il sedano e l'aglio. Cuocere e mescolare per 5 minuti o fino a quando le verdure saranno croccanti e tenere. Aggiungete il gombo a fette (o gli asparagi se utilizzate) e i pomodorini; cuocere da 5 a 7 minuti o fino a quando il gombo diventa tenero e croccante e i pomodori iniziano a dividersi. Togliere dal fuoco e condire con timo e pepe nero a piacere. Servire le verdure con il dentice e la Rémoulade.

Remoulade: in un robot da cucina, tritare ½ tazza di peperone rosso tritato, ¼ di tazza di tè verde tritato e 2 cucchiai di prezzemolo fresco tritato fino a ottenere una crema fine.

Aggiungere ¼ di tazza di Paleo Mayo (vedi ricetta), ¼ di tazza di senape di Digione (vedi ricetta), 1 cucchiaino e mezzo di succo di limone e ¼ di cucchiaino di condimento Cajun (vedi ricetta). Frullare finché non viene combinato. Trasferire in una ciotola da portata e conservare in frigorifero fino al momento di servire. (La remoulade può essere preparata 1 giorno prima e raffreddata.)

POLPETTE DI TONNO AL DRAGONCELLO CON AIOLI DI AVOCADO E LIMONE

FORMAZIONE:25 minuti tempo di cottura: 6 minuti rende: 4 porzioni<u>FOTO</u>

INSIEME AL SALMONE, IL TONNO E UNO DI QUESTIUNO DEI RARI TIPI DI PESCE CHE PUO ESSERE TRITATO FINEMENTE E TRASFORMATO IN HAMBURGER. FAI ATTENZIONE A NON LAVORARE ECCESSIVAMENTE IL TONNO NEL ROBOT DA CUCINA: UNA LAVORAZIONE ECCESSIVA LO INDURISCE.

- 1 chilogrammo di filetti di tonno fresco o congelato senza pelle
- 1 albume d'uovo, leggermente sbattuto
- ¾ tazza di farina di semi di lino dorati macinati
- 1 cucchiaio di dragoncello o aneto appena tritato
- 2 cucchiai di erba cipollina fresca tritata
- 1 cucchiaino di scorza di limone tritata finemente
- 2 cucchiai di olio di semi di lino, olio di avocado o olio d'oliva
- 1 avocado medio, senza semi
- 3 cucchiai di Paleo Mayo (vedi<u>ricetta</u>)
- 1 cucchiaino di scorza di limone tritata finemente
- 2 cucchiaini di succo di limone fresco
- 1 spicchio d'aglio, tritato
- 4 once di spinaci baby (circa 4 tazze ben confezionate)
- ⅓ tazza di vinaigrette all'aglio arrostito (vedi<u>ricetta</u>)
- 1 mela Granny Smith privata del torsolo e tagliata a pezzetti grandi quanto un fiammifero
- ¼ di tazza di noci tostate tritate (vedi<u>mancia</u>)

1. Scongelare il pesce, se è congelato. Sciacquare il pesce; asciugare con carta assorbente. Tagliare il pesce in pezzi da 1½ pollice. Metti il pesce in un robot da cucina;

accendere/spegnere fino a tritare finemente. (Fai attenzione a non cuocere troppo o indurirai il tortino.) Metti da parte il pesce.

2. In una ciotola media, unisci l'albume, ¼ di tazza di farina di semi di lino, dragoncello, erba cipollina e scorza di limone. Aggiungi pesce; mescolare delicatamente per unire. Modella il composto di pesce in quattro polpette spesse ½ pollice.

3. Metti la restante ½ tazza di farina di semi di lino in una ciotola poco profonda. Immergere le polpette nel composto di semi di lino, girandole per ricoprirle uniformemente.

4. In una padella molto grande, scalda l'olio a fuoco medio. Cuocere le polpette di tonno in olio bollente per 6-8 minuti o fino a quando un termometro a lettura istantanea inserito orizzontalmente nelle polpette registra 160 ° F, girando una volta a metà cottura.

5. Nel frattempo, per l'aïoli, in una ciotola media schiaccia l'avocado con una forchetta. Aggiungere Paleo Mayo, scorza di limone, succo di limone e aglio. Frullare fino a ottenere un composto ben amalgamato e quasi liscio.

6. Metti gli spinaci in una ciotola media. Condire gli spinaci con la vinaigrette all'aglio arrosto; gettare per coprire. Per ogni porzione disporre su un piatto da portata una polpetta di tonno e un quarto degli spinaci. Coprire il tonno con un po' di aïoli. Top spinaci con mele e noci. Servire immediatamente.

TAJINE DI SPIGOLA A STRISCE

FORMAZIONE:50 minuti raffreddamento: da 1 a 2 ore cottura: 22 minuti cottura: 25 minuti preparazione: 4 porzioni

UN TAGINE È IL NOMESIA UN PIATTO NORDAFRICANO (UNA SPECIE DI SPEZZATINO) SIA LA PENTOLA A FORMA DI CONO IN CUI VIENE COTTO. SE NON NE HAI UNA, UNA TEGLIA DA FORNO COPERTA VA BENISSIMO. LA CHERMOULA È UNA PASTA DENSA DI ERBE NORDAFRICANE CHE VIENE SPESSO UTILIZZATA COME MARINATA PER IL PESCE. SERVI QUESTO COLORATO PIATTO DI PESCE CON PURÈ DI PATATE DOLCI O CAVOLFIORE.

- 4 filetti di spigola o ippoglosso striato da 6 once, con la pelle
- 1 mazzetto di coriandolo, tritato
- 1 cucchiaino di scorza di limone grattugiata finemente (mettere da parte)
- ¼ tazza di succo di limone fresco
- 4 cucchiai di olio d'oliva
- 5 spicchi d'aglio, tritati
- 4 cucchiaini di cumino macinato
- 2 cucchiaini di paprika dolce
- 1 cucchiaino di coriandolo macinato
- ¼ di cucchiaino di anice macinato
- 1 cipolla grande, sbucciata, tagliata a metà e affettata sottilmente
- 1 lattina da 15 once senza sale aggiunto Pomodori a cubetti arrostiti al fuoco, non sgocciolati
- ½ tazza di brodo di ossa di pollo (vedi_ricetta_) o brodo di pollo non salato
- 1 peperone giallo grande, senza semi e tagliato a strisce da ½ pollice
- 1 peperone arancione grande, senza semi e tagliato a strisce da ½ pollice

1. Scongelare il pesce, se è congelato. Sciacquare il pesce; asciugare con carta assorbente. Disporre i filetti di pesce in una teglia bassa e non metallica. Metti da parte il pesce.

2. Per la chermoula, in un frullatore o un piccolo robot da cucina unisci il coriandolo, il succo di limone, 2 cucchiai di olio d'oliva, 4 spicchi d'aglio tritati, cumino, paprika, coriandolo e anice. Coprire e lavorare fino a che liscio.

3. Oltre la metà della chermoula, gira il pesce per rivestirlo su entrambi i lati. Coprire e conservare in frigorifero per 1 o 2 ore. Coprire con la chermoula rimanente; lasciare a temperatura ambiente fino al momento dell'uso.

4. Preriscaldare il forno a 180°C. In una padella grande resistente al forno, scaldare i restanti 2 cucchiai di olio a fuoco medio-alto. Aggiungi la cipolla; cuocere e mescolare per 4-5 minuti o fino a quando non si sarà ammorbidito. Incorporare il restante 1 spicchio d'aglio tritato; cuocere e mescolare per 1 minuto. Aggiungere la chermoula riservata, i pomodori, il brodo di ossa di pollo, le strisce di peperoni e la scorza di limone. Portare ad ebollizione; ridurre il calore. Far bollire, scoperto, per 15 minuti. Se lo si desidera, trasferire la miscela nel tagine; guarnire con il pesce e l'eventuale chemoula rimasta sul piatto. Copertina; cuocere per 25 minuti. Servire immediatamente.

HALIBUT IN SALSA ALL'AGLIO E GAMBERI CON VERDURE SOFFRITTO

FORMAZIONE:30 minuti tempo di cottura: 19 minuti per: 4 porzioni

ESISTONO MOLTE FONTI E TIPI DIVERSI DI IPPOGLOSSO,E POSSONO ESSERE DI QUALITÀ MOLTO DIVERSA E PESCATI IN CONDIZIONI MOLTO DIVERSE. LA DURABILITÀ DEL PESCE, L'AMBIENTE IN CUI VIVE E LE CONDIZIONI IN CUI VIENE ALLEVATO/PESCATO SONO TUTTI FATTORI CHE DETERMINANO QUALI PESCI SONO UNA BUONA SCELTA PER IL CONSUMO. VISITA IL SITO WEB DEL MONTEREY BAY AQUARIUM (WWW.SEAFOODWATCH.ORG) PER LE INFORMAZIONI PIÙ AGGIORNATE SU QUALE PESCE MANGIARE E QUALE EVITARE.

4 filetti di ippoglosso freschi o congelati da 6 once, spessi circa 1 pollice

Pepe nero

6 cucchiai di olio extra vergine di oliva

½ tazza di cipolla tritata finemente

¼ di tazza di peperone rosso tagliato a dadini

2 spicchi d'aglio, tritati

¾ cucchiaino di paprika affumicata

½ cucchiaino di origano fresco tritato

4 tazze di verdure, senza gambo, tagliate a strisce spesse ¼ di pollice (circa 12 once)

⅓ tazza d'acqua

8 once di gamberetti medi, sbucciati, privati e tritati grossolanamente

4 spicchi d'aglio, tagliati a fettine sottili

Da ¼ a ½ cucchiaino di pepe rosso macinato

⅓ tazza di sherry secco

2 cucchiai di succo di limone

¼ di tazza di prezzemolo fresco tritato

1. Scongelare il pesce, se è congelato. Sciacquare il pesce; asciugare con carta assorbente. Cospargere il pesce con pepe. In una padella capiente, scaldare 2 cucchiai di olio d'oliva a fuoco medio. Aggiungere i filetti; cuocere per 10 minuti o fino a doratura e scaglie di pesce provate con una forchetta, girando una volta a metà cottura. Trasferisci il pesce su un piatto e coprilo con un foglio di alluminio per tenerlo al caldo.

2. Nel frattempo, in un'altra padella capiente, scalda 1 cucchiaio di olio d'oliva a fuoco medio. Aggiungere la cipolla, il peperone dolce, 2 spicchi d'aglio tritati, la paprika e l'origano; cuocere e mescolare per 3-5 minuti o fino a quando non si sarà ammorbidito. Mescolare verdure e acqua. Coprire e cuocere per 3-4 minuti o fino a quando il liquido sarà evaporato e le verdure saranno tenere, mescolando di tanto in tanto. Coprire e tenere al caldo fino al momento di servire.

3. Per la salsa di gamberi, aggiungete i restanti 3 cucchiai di olio d'oliva nella padella utilizzata per cuocere il pesce. Aggiungere i gamberi, 4 spicchi d'aglio affettati e pepe rosso macinato. Cuocere e mescolare per 2-3 minuti o fino a quando l'aglio inizia a diventare dorato. Aggiungi gamberetti; cuocere da 2 a 3 minuti fino a quando i gamberetti saranno sodi e rosa. Mescolare lo sherry e il succo di limone. Cuocere per 1 o 2 minuti o fino a quando leggermente ridotto. Mescolare il prezzemolo.

4. Dividere la salsa di gamberi tra i filetti di ippoglosso. Servire con verdure.

BOUILLABAISSE AI FRUTTI DI MARE

DALL'INIZIO ALLA FINE: 1 ORA E ¾ PER: 4 PORZIONI

COME IL CIOPPINO ITALIANO, QUESTO STUFATO DI PESCE FRANCESEDI PESCE E CROSTACEI SEMBRA ESSERE UN ASSAGGIO DEL PESCATO DEL GIORNO CONDITO IN UNA PENTOLA CON AGLIO, CIPOLLA, POMODORO E VINO. TUTTAVIA, IL SAPORE DISTINTIVO DELLA BOUILLABAISSE E LA COMBINAZIONE DEI SAPORI DI ZAFFERANO, FINOCCHIO E SCORZA D'ARANCIA.

- Filetti di ippoglosso freschi o congelati senza pelle da 1 libbra, tagliati a pezzi da 1 pollice
- 4 cucchiai di olio d'oliva
- 2 tazze di cipolla tritata
- 4 spicchi d'aglio, schiacciati
- 1 testa di finocchio, privata del torsolo e tritata
- 6 pomodori romani, tagliati
- ¾ tazza di brodo di ossa di pollo (vedi_ricetta_) o brodo di pollo non salato
- ¼ di bicchiere di vino bianco secco
- 1 tazza di cipolla tritata finemente
- 1 testa di finocchio, privata del torsolo e tritata finemente
- 6 spicchi d'aglio, tritati
- 1 arancia
- 3 pomodorini Roma, tritati finemente
- 4 fili di zafferano
- 1 cucchiaio di origano fresco tritato
- 1 chilogrammo di vongole, pulite e sciacquate
- 1 chilogrammo di cozze barbette, pulite e sciacquate (vedi_mancia_)
- Origano fresco tritato (facoltativo)

1. Scongelare l'ippoglosso, se congelato. Sciacquare il pesce; asciugare con carta assorbente. Metti da parte il pesce.

2. In un forno olandese da 6 a 8 litri, scaldare 2 cucchiai di olio d'oliva a fuoco medio. Aggiungi nella pentola 2 tazze di cipolla tritata, 1 testa di finocchio tritato e 4 spicchi d'aglio schiacciati. Cuocere per 7-9 minuti o fino a quando la cipolla sarà tenera, mescolando di tanto in tanto. Aggiungere 6 pomodori tagliati a pezzetti e 1 testa di finocchio tritato; far bollire per altri 4 minuti. Aggiungi il brodo di ossa di pollo e il vino bianco nella pentola; far bollire per 5 minuti; si raffredda leggermente. Trasferisci il composto di verdure in un frullatore o in un robot da cucina. Coprire e frullare o lavorare fino a che liscio; accantonare.

3. Nello stesso forno olandese, scalda il restante 1 cucchiaio di olio d'oliva a fuoco medio. Aggiungere 1 tazza di cipolla tritata finemente, 1 testa di finocchio tritata finemente e 6 spicchi d'aglio tritati. Cuocere a fuoco medio per 5-7 minuti o fino a quando saranno quasi teneri, mescolando spesso.

4. Usa un pelapatate per rimuovere la buccia dell'arancia a strisce larghe; accantonare. Aggiungi il composto di verdure passate, 3 pomodori a cubetti, lo zafferano, l'origano e le strisce di buccia d'arancia nel forno olandese. Portare ad ebollizione; ridurre il calore per mantenere la ebollizione. Aggiungere vongole, cozze e pesce; mescolare delicatamente per ricoprire il pesce con la salsa. Regolare il calore secondo necessità per mantenere la cottura a fuoco lento. Coprire e cuocere a fuoco lento per 3-5 minuti finché le vongole e le capesante non si saranno aperte e il pesce inizierà a sfaldarsi quando viene provato con una forchetta. Mestolo in ciotole poco

profonde per servire. Se lo si desidera, cospargere con altro origano.

CEVICHE CLASSICO DI GAMBERETTI

FORMAZIONE:20 minuti cottura: 2 minuti raffreddamento: 1 ora riposo: 30 minuti preparazione: da 3 a 4 porzioni

QUESTO PIATTO LATINOAMERICANO È UNA FAVOLADI GUSTI E CONSISTENZE. CETRIOLO E SEDANO CROCCANTI, AVOCADO CREMOSO, JALAPEÑOS PICCANTI E PICCANTI E GAMBERETTI DOLCI E DELICATI VENGONO CONDITI CON SUCCO DI LIMONE E OLIO D'OLIVA. NEL CEVICHE TRADIZIONALE, L'ACIDO NEL SUCCO DI LIMONE "CUOCE" I GAMBERETTI, MA UN RAPIDO TUFFO NELL'ACQUA BOLLENTE NON LASCIA NULLA AL CASO, DAL PUNTO DI VISTA DELLA SICUREZZA, E NON DANNEGGIA IL SAPORE O LA CONSISTENZA DEI GAMBERETTI.

- 1 libbra di gamberetti medi freschi o congelati, sbucciati e privati delle code, rimossi
- ½ cetriolo, sbucciato, senza semi e tritato
- 1 tazza di sedano tritato
- ½ cipolla rossa piccola, tritata
- 1 o 2 jalapeños, senza semi e tritati (vedi*mancia*)
- ½ tazza di succo di limone fresco
- 2 pomodorini rom, tagliati a cubetti
- 1 avocado, tagliato a metà, senza semi, sbucciato e tagliato a dadini
- ¼ tazza di coriandolo fresco tritato
- 3 cucchiai di olio d'oliva
- ½ cucchiaino di pepe nero

1. Scongelare i gamberetti, se congelati. Pulite e sgusciate i gamberi; rimuovere le code. Sciacquare i gamberi; asciugare con carta assorbente.

2. Riempi una pentola grande per metà con acqua. Portare ad ebollizione. Aggiungere i gamberetti all'acqua bollente.

Cuocere, scoperto, per 1 o 2 minuti o solo fino a quando i gamberetti diventano opachi; perdita Mettete i gamberetti sotto l'acqua fredda e scolateli nuovamente. Cubi di gamberetti.

3. In una ciotola molto grande e non reattiva, unisci i gamberetti, il cetriolo, il sedano, la cipolla, i jalapeños e il succo di lime. Coprire e conservare in frigorifero per 1 ora, mescolando una o due volte.

4. Mescolare i pomodori, l'avocado, il coriandolo, l'olio d'oliva e il pepe nero. Coprire e lasciare riposare a temperatura ambiente per 30 minuti. Mescolare delicatamente prima di servire.

INSALATA DI GAMBERI IN CROSTA DI COCCO E SPINACI

FORMAZIONE:25 minuti cottura: 8 minuti preparazione: 4 porzioni<u>FOTO</u>

BOMBOLETTE DI OLIO D'OLIVA SPRAY PRODOTTO COMMERCIALMENTEPUÒ CONTENERE ALCOL DI CEREALI, LECITINA E PROPELLENTE, NON UN OTTIMO MIX QUANDO STAI CERCANDO DI MANGIARE CIBI PURI E REALI ED EVITARE CEREALI, GRASSI MALSANI, LEGUMI E LATTICINI. UNO SPRUZZATORE DI OLIO UTILIZZA SOLO ARIA PER SPINGERE L'OLIO IN UNO SPRUZZO FINE, PERFETTO PER RIVESTIRE LEGGERMENTE I GAMBERETTI IN CROSTA DI COCCO PRIMA DELLA COTTURA.

1 chilo e mezzo di gamberetti molto grandi, freschi o congelati, con il guscio
Flacone spray Misto riempito con olio extra vergine di oliva
2 uova
¾ tazza di cocco grattugiato o grattugiato, non zuccherato
¾ tazza di farina di mandorle
½ tazza di olio di avocado o olio d'oliva
3 cucchiai di succo di limone fresco
2 cucchiai di succo di limone fresco
2 piccoli spicchi d'aglio, tritati
Da ⅛ a ¼ di cucchiaino di pepe rosso macinato
8 tazze di spinaci freschi
1 avocado medio, tagliato a metà, senza semi, sbucciato e tagliato a fettine sottili
1 peperone arancione o giallo, tagliato a listarelle sottili
½ tazza di cipolla rossa tritata

1. Scongelare i gamberetti, se congelati. Pulite e sgusciate i gamberi, lasciando intatte le code. Sciacquare i gamberi; asciugare con carta assorbente. Preriscaldare il forno a

450 ° F. Foderare una grande teglia con un foglio di alluminio; ungere leggermente la pellicola con l'olio spruzzato dalla bottiglia di Misto; accantonare.

2. In una ciotola poco profonda, sbatti le uova con una forchetta. In un altro piatto poco profondo, unire la farina di cocco e di mandorle. Immergere i gamberi nelle uova, girandoli per ricoprirli. Immergere nella miscela di cocco, premendo per ricoprire (lasciare le code scoperte). Disporre i gamberi in un unico strato sulla teglia preparata. Spennellare la parte superiore dei gamberi con l'olio spray della bottiglia Misto.

3. Cuocere per 8-10 minuti o fino a quando i gamberetti saranno opachi e il rivestimento sarà leggermente dorato.

4. Nel frattempo, per il condimento, in un vasetto con tappo a vite unire l'olio di avocado, il succo di limone, il succo di lime, l'aglio e il peperoncino tritato. Coprire e agitare bene.

5. Per le insalate, dividere gli spinaci in quattro piatti da portata. Completare con avocado, peperone, cipolla rossa e gamberetti. Condire con il condimento e servire immediatamente.

CEVICHE CON GAMBERI TROPICALI E CAPESANTE

FORMAZIONE:20 minuti Marinatura: da 30 a 60 minuti Per: da 4 a 6 porzioni

IL CEVICHE FREDDO E LEGGERO È UN PASTO ECCELLENTEPER UNA CALDA NOTTE D'ESTATE. CON MELONE, MANGO, PEPERONI SERRANO, FINOCCHIO E CONDIMENTO PER INSALATA MANGO-LIME (VEDI<u>RICETTA</u>), QUESTA È UNA DOLCE INTERPRETAZIONE DELL'ORIGINALE.

- 1 chilogrammo di vongole fresche o congelate
- 1 chilogrammo di gamberoni freschi o congelati
- 2 tazze di melone a dadini
- 2 manghi medi, snocciolati, sbucciati e tritati (circa 2 tazze)
- 1 testa di finocchio, mondata, tagliata in quarti, privata del torsolo e affettata sottilmente
- 1 peperone rosso medio, tritato (circa ¾ di tazza)
- Da 1 a 2 peperoni serrano, senza semi, se lo si desidera, e affettati sottilmente (vedi<u>mancia</u>)
- ½ tazza di coriandolo fresco leggermente confezionato, tritato
- 1 ricetta Condimento per insalata mango e limone (vedi<u>ricetta</u>)

1. Scongelare vongole e gamberi, se congelati. Dividere le vongole a metà in senso orizzontale. Pulite, scolate e tagliate a metà i gamberi in senso orizzontale. Sciacquare capesante e gamberi; asciugare con carta assorbente. Riempi una pentola capiente per tre quarti con acqua. Portare ad ebollizione. Aggiungere gamberi e capesante; cuocere da 3 a 4 minuti o fino a quando i gamberetti e le capesante saranno opachi; scolare e sciacquare con acqua fredda per raffreddare rapidamente. Scolare bene e mettere da parte.

2. In una ciotola molto grande unisci il melone, il mango, il finocchio, il peperone, il pepe serrano e il coriandolo. Aggiungi il condimento per insalata di mango e lime; mescolare delicatamente per ricoprire. Incorporate delicatamente i gamberetti e le capesante cotti. Marinare in frigorifero per 30-60 minuti prima di servire.

GAMBERETTI JERK GIAMAICANI CON OLIO DI AVOCADO

DALL'INIZIO ALLA FINE: 20 minuti fanno: 4 porzioni

CON UN TEMPO TOTALE AL PASTO DI 20 MINUTI, QUESTO PIATTO FORNISCE UN ALTRO MOTIVO CONVINCENTE PER CONSUMARE UN PASTO SANO A CASA, ANCHE NELLE NOTTI PIU AFFOLLATE.

- 1 chilogrammo di gamberetti medi freschi o congelati
- 1 tazza di mango tritato, sbucciato (1 medio)
- ⅓ tazza di cipolla rossa affettata, affettata
- ¼ tazza di coriandolo fresco tritato
- 1 cucchiaio di succo di limone fresco
- 2 o 3 cucchiai di condimento jerk giamaicano (vedi_ricetta_)
- 1 cucchiaio di olio extra vergine di oliva
- 2 cucchiai di olio di avocado

1. Scongelare i gamberetti, se congelati. In una ciotola media, mescolare il mango, la cipolla, il coriandolo e il succo di lime.

2. Pulite e sgusciate i gamberi. Sciacquare i gamberi; asciugare con carta assorbente. Metti i gamberetti in una ciotola media. Cospargere con condimento jerk giamaicano; mescolare per ricoprire i gamberi su tutti i lati.

3. In una padella antiaderente, scaldare l'olio d'oliva a fuoco medio-alto. Aggiungi gamberetti; cuocere e mescolare per circa 4 minuti o fino a quando diventa opaco. Irrorare i gamberi con olio di avocado e servire con la miscela di mango.

SCAMPI CON SPINACI APPASSITI E RADICCHIO

FORMAZIONE: 15 minuti cottura: 8 minuti preparazione: 3 porzioni

"SCAMPI" SI RIFERISCE AD UN CLASSICO PIATTO DA RISTORANTEDI GROSSI GAMBERI BOLLITI O FRITTI CON BURRO E TANTO AGLIO E LIMONE. QUESTA VERSIONE PICCANTE DI OLIO D'OLIVA È PALEO-APPROVATA E NUTRIZIONALMENTE ARRICCHITA CON UN RAPIDO SOFFRITTO DI RADICCHIO E SPINACI.

- 1 chilogrammo di gamberoni freschi o congelati
- 4 cucchiai di olio extra vergine di oliva
- 6 spicchi d'aglio, tritati
- ½ cucchiaino di pepe nero
- ¼ di bicchiere di vino bianco secco
- ½ tazza di prezzemolo fresco tritato
- ½ cespo di radicchio privato del torsolo e tagliato a fettine sottili
- ½ cucchiaino di pepe rosso macinato
- 9 tazze di spinaci novelli
- Ruote di limone

1. Scongelare i gamberetti, se congelati. Pulite e sgusciate i gamberi, lasciando intatte le code. In una padella capiente, scaldare 2 cucchiai di olio d'oliva a fuoco medio-alto. Aggiungere i gamberi, 4 spicchi d'aglio tritati e pepe nero. Cuocere e mescolare per circa 3 minuti o fino a quando i gamberetti saranno opachi. Trasferire il composto di gamberetti in una ciotola.

2. Aggiungi il vino bianco nella padella. Cuocere, mescolando per allentare l'aglio rosolato dal fondo della padella.

Versare il vino sui gamberetti; lanciare per combinare. Mescolare il prezzemolo. Coprire liberamente con un foglio di alluminio per mantenerlo al caldo; accantonare.

3. Aggiungere nella padella i restanti 2 cucchiai di olio d'oliva, i restanti 2 spicchi d'aglio tritati, il radicchio e il peperoncino tritato. Cuocere e mescolare a fuoco medio per 3 minuti o fino a quando il radicchio inizia ad appassire. Incorporare con cura gli spinaci; cuocere e mescolare per altri 1-2 minuti o finché gli spinaci non saranno appassiti.

4. Per servire, dividere il composto di spinaci in tre piatti da portata; coprire con il composto di gamberetti. Servire con spicchi di limone da spremere sopra i gamberi e le verdure.

INSALATA DI GRANCHIO CON AVOCADO, POMPELMO E JICAMA

DALL'INIZIO ALLA FINE: 30 minuti fanno: 4 porzioni

IL MIGLIOR GRUMO O POLPA DI GRANCHIO E IL MIGLIOREPER QUESTA INSALATA LA CARNE DI GRANCHIO JUMBO E COMPOSTA DA PEZZI GRANDI CHE FUNZIONANO BENE NELLE INSALATE. BACKFIN E UNA MISCELA DI PEZZI ROTTI DI POLPA DI GRANCHIO JUMBO E PEZZI PIU PICCOLI DI POLPA DI GRANCHIO DAL CORPO DEL GRANCHIO. ANCHE SE PIU PICCOLO DEL GRANCHIO GIGANTE, IL BACKFIN FUNZIONA MOLTO BENE. FRESCO E MEGLIO, OVVIAMENTE, MA IL GRANCHIO CONGELATO SCONGELATO E UNA BUONA OPZIONE.

6 tazze di spinaci novelli

½ jicama media, sbucciata e tagliata a julienne*

2 pompelmi rosa o rosso rubino, sbucciati, senza semi e tagliati in quarti**

2 piccoli avocado, tagliati a metà

1 chilogrammo di jumbo jumbo o polpa di granchio

Condimento al basilico e pompelmo (vedi ricetta a destra)

1. Dividere gli spinaci in quattro piatti da portata. Completare con jicama, sezioni di pompelmo e l'eventuale succo accumulato, avocado e polpa di granchio. Condire con salsa al basilico e pompelmo.

Condimento al basilico e pompelmo: in un barattolo con tappo a vite, unire ⅓ tazza di olio extra vergine di oliva; ¼ tazza di succo di pompelmo fresco; 2 cucchiai di succo d'arancia fresco; ½ scalogno piccolo, tritato; 2 cucchiai di basilico fresco tritato finemente; ¼ cucchiaino di peperoncino macinato; e ¼ di cucchiaino di pepe nero. Coprire e agitare bene.

*Suggerimento: un pelapatate a julienne consente di tagliare rapidamente la jicama in strisce sottili.

**Suggerimento: per sezionare il pompelmo, tagliare una fetta dall'estremità del gambo e dalla parte inferiore del frutto. Posizionarlo in posizione verticale su una superficie di lavoro. Tagliate la frutta a pezzetti dall'alto verso il basso, seguendo la forma arrotondata del frutto, eliminando la buccia a listarelle. Tieni il frutto sopra una ciotola e, utilizzando uno spelucchino, taglia il centro del frutto sui lati di ogni spicchio per liberarlo dal midollo. Mettete gli spicchi in una ciotola con gli eventuali succhi accumulati. Buttare via la spina.

LESSARE LA CODA DI ARAGOSTA CAJUN CON AIOLI AL DRAGONCELLO

FORMAZIONE: 20 minuti di cottura: 30 minuti Per: 4 porzioni FOTO

PER UNA CENA ROMANTICA PER DUE, QUESTA RICETTA PUÒ ESSERE FACILMENTE TAGLIATA A METÀ. USA DELLE CESOIE DA CUCINA MOLTO AFFILATE PER TAGLIARE IL GUSCIO DELLE CODE DI ARAGOSTA E OTTENERE UNA CARNE RICCA E SAPORITA.

- 2 ricette di condimenti cajun (vedi ricetta)
- 12 spicchi d'aglio, sbucciati e tagliati a metà
- 2 limoni, tagliati a metà
- 2 carote grandi, sbucciate
- 2 gambi di sedano, sbucciati
- 2 bulbi di finocchio, tagliati a fettine sottili
- 1 chilogrammo di funghi interi
- 4 code di aragosta del Maine da 7 a 8 once
- Spiedini di bambù da 4 x 8 pollici
- ½ tazza Paleo Aïoli (maionese all'aglio) (vedi ricetta)
- ¼ di tazza di senape di Digione (vedi ricetta)
- 2 cucchiai di dragoncello o prezzemolo fresco tritato

1. In una pentola da 8 litri, unisci 6 tazze d'acqua, condimento Cajun, aglio e limoni. Portare ad ebollizione; far bollire per 5 minuti. Ridurre il fuoco per mantenere il liquido a fuoco lento.

2. Tagliare trasversalmente le carote e il sedano in quattro pezzi. Aggiungere al liquido le carote, il sedano e il finocchio. Coprire e cuocere per 10 minuti. Aggiungi i funghi; coprire e cuocere per 5 minuti. Usando una

schiumarola, trasferisci le verdure in una ciotola da portata; tenere caldo

3. Partendo dall'estremità del corpo di ciascuna coda di aragosta, infila uno spiedino tra la carne e il guscio, arrivando quasi fino alla fine. (Ciò eviterà che la coda si aggrovigli durante la cottura.) Ridurre il calore. Cuocere le code di aragosta nel liquido appena bollente nella pentola per 8-12 minuti, o fino a quando i gusci diventano rosso vivo e la carne diventa tenera quando viene forata con una forchetta. Togliere l'astice dal liquido di cottura. Usa un canovaccio per tenere le code di aragosta e rimuovi ed elimina gli spiedini.

4. In una piccola ciotola mescolare Paleo Aïoli, senape di Digione e dragoncello. Servito con aragosta e verdure.

FRITTELLE DI COZZE CON AIOLI ALLO ZAFFERANO

DALL'INIZIO ALLA FINE: 1 ORA E UN QUARTO PER: 4 PORZIONI

QUESTA È UNA VERSIONE PALEO DEL CLASSICO FRANCESEDI COZZE COTTE AL VAPORE CON VINO BIANCO ED ERBE AROMATICHE E SERVITE CON SOTTILI E CROCCANTI TORTINI DI PATATE BIANCHE. SCARTARE LE COZZE CHE NON SI CHIUDONO PRIMA DELLA COTTURA E QUELLE CHE NON SI APRONO DOPO LA COTTURA.

FRITTELLE DI PASTINACA
- 1½ kg di pastinache, sbucciate e tagliate a julienne di 3×¼ pollici
- 3 cucchiai di olio d'oliva
- 2 spicchi d'aglio, tritati
- ¼ cucchiaino di pepe nero
- ⅛ cucchiaino di pepe di cayenna

AIOLI ALLO ZAFFERANO
- ⅓ tazza Paleo Aïoli (maionese all'aglio) (vediricetta)
- ⅛ cucchiaino di fili di zafferano, leggermente schiacciati

COZZE
- 4 cucchiai di olio d'oliva
- ½ tazza di scalogno tritato finemente
- 6 spicchi d'aglio, tritati
- ¼ cucchiaino di pepe nero
- 3 bicchieri di vino bianco secco
- 3 grandi rametti di prezzemolo con foglie piatte
- 4 kg di cozze pulite e mondate*
- ¼ di tazza di prezzemolo italiano appena tritato (a foglia piatta).
- 2 cucchiai di dragoncello fresco tritato (facoltativo)

1. Per le torte di pastinaca, preriscaldare il forno a 450 ° F. Immergere le pastinache tagliate in abbastanza acqua fredda da coprirle in frigorifero per 30 minuti; scolateli e asciugateli con carta assorbente.

2. Foderare una grande teglia con carta da forno. Mettete le pastinache in una ciotola molto capiente. In una piccola ciotola, unisci 3 cucchiai di olio d'oliva, 2 spicchi d'aglio tritati, ¼ di cucchiaino di pepe nero e pepe di cayenna; cospargere le pastinache e mescolare. Disporre le pastinache in uno strato uniforme sulla teglia preparata. Cuocere in forno per 30-35 minuti o fino a quando saranno teneri e inizieranno a dorarsi, mescolando di tanto in tanto.

3. Per l'aïoli, in una piccola ciotola mescolare Paleo Aïoli e zafferano. Coprire e conservare in frigorifero fino al momento di servire.

4. Nel frattempo, in una pentola da 6-8 litri o in un forno olandese, scaldare 4 cucchiai di olio d'oliva a fuoco medio. Aggiungere lo scalogno, 6 spicchi d'aglio e ¼ di cucchiaino di pepe nero; cuocere circa 2 minuti o finché non si sarà ammorbidito e appassito, mescolando spesso.

5. Aggiungi il vino e i rametti di prezzemolo nella pentola; portare ad ebollizione. Aggiungi le capesante, girandole alcune volte. Coprire bene e cuocere a vapore per 3-5 minuti o finché le bucce non si aprono, mescolando delicatamente due volte. Scartare le cozze che non si aprono.

6. Usando una schiumarola grande, trasferisci le cozze in ciotole poco profonde. Rimuovere ed eliminare i rametti di prezzemolo dal liquido di cottura; versare il liquido di cottura sulle cozze. Cospargere il prezzemolo tritato e, se lo si desidera, il dragoncello. Servire immediatamente con torte di pastinaca e aioli allo zafferano.

*Consiglio: cuocere le cozze il giorno dell'acquisto. Se usi le cozze raccolte in natura, immergile in una ciotola di acqua fredda per 20 minuti per rimuovere sabbia e sabbia. (Questo non è necessario per le vongole d'allevamento.) Usando una spazzola rigida, pulire le cozze, una alla volta, sotto l'acqua corrente fredda. Sbarbare le cozze circa 10-15 minuti prima della cottura. La barba è un piccolo gruppo di fibre che sporgono dalla corteccia. Per rimuovere la barba, afferrare il cordino tra il pollice e l'indice e tirare verso la cerniera. (Questo metodo non ucciderà le cozze.) Puoi anche usare pinze o pinzette per pesce. Assicurati che il guscio di ciascuna cozza sia ben chiuso. Se ci sono bucce aperte, picchiettale delicatamente sul bancone. Scartare le cozze che non si chiudono entro pochi minuti.

CAPESANTE FRITTE AL GUSTO DI BARBABIETOLA ROSSA

DALL'INIZIO ALLA FINE: 30 minuti fanno: 4 porzioni FOTO

PER UNA BELLA CROSTA DORATA, ASSICURATEVI CHE LA SUPERFICIE DELLE VONGOLE SIA BEN ASCIUTTA - E CHE LA PADELLA SIA BELLA E CALDA - PRIMA DI AGGIUNGERLE NELLA PADELLA. INOLTRE, LASCIA ROSOLARE LE CAPESANTE INDISTURBATE PER 2 O 3 MINUTI, CONTROLLANDOLE ATTENTAMENTE PRIMA DI GIRARLE.

- 1 libbra di capesante fresche o congelate, asciugate con carta assorbente
- 3 barbabietole rosse medie, sbucciate e tritate finemente
- ½ mela Granny Smith, sbucciata e tritata
- 2 jalapeños privati del gambo, dei semi e tritati (vedi mancia)
- ¼ tazza di coriandolo fresco tritato
- 2 cucchiai di cipolla rossa tritata finemente
- 4 cucchiai di olio d'oliva
- 2 cucchiai di succo di limone fresco
- Pepe bianco

1. Scongelare le vongole, se congelate.

2. Per il condimento di barbabietola, in una ciotola media unisci le barbabietole, la mela, i jalapeños, il coriandolo, la cipolla, 2 cucchiai di olio d'oliva e il succo di limone. Mescolare bene. Tenete da parte mentre preparate le capesante.

3. Sciacquare le vongole; asciugare con carta assorbente. In una padella capiente, scaldare i restanti 2 cucchiai di olio d'oliva a fuoco medio-alto. Aggiungi le vongole; cuocere alla griglia da 4 a 6 minuti o fino a quando saranno dorati

all'esterno e appena opachi. Cospargere leggermente le capesante con pepe bianco.

4. Per servire, dividere uniformemente il condimento di barbabietola tra i piatti da portata; guarnire con le vongole. Servire immediatamente.

CAPESANTE ALLA GRIGLIA CON SALSA DI CETRIOLI ALL'ANETO

FORMAZIONE:35 minuti freddo: da 1 a 24 ore grill: 9 minuti per: 4 porzioni

ECCO UN CONSIGLIO PER OTTENERE UN AVOCADO PERFETTO:ACQUISTALI QUANDO SONO DI UN VERDE BRILLANTE E SODI, QUINDI CUOCILI SUL BANCONE PER ALCUNI GIORNI, FINCHÉ NON CEDONO LEGGERMENTE QUANDO VENGONO PREMUTI LEGGERMENTE CON LE DITA. QUANDO SONO SODI E ACERBI, NON SI AMMACCANO DURANTE IL TRASPORTO DAL MERCATO.

- 12 o 16 capesante fresche o congelate (da 1¼ a 1¾ libbre in totale)
- ¼ tazza di olio d'oliva
- 4 spicchi d'aglio, tritati
- 1 cucchiaino di pepe nero appena macinato
- 2 zucchine medie, mondate e tagliate a metà nel senso della lunghezza
- ½ cetriolo medio, tagliato a metà nel senso della lunghezza e affettato sottilmente in senso trasversale
- 1 avocado medio, tagliato a metà, senza semi, sbucciato e tritato
- 1 pomodoro medio, senza torsolo, senza semi e tritato
- 2 cucchiaini di menta fresca tritata
- 1 cucchiaino di aneto fresco tritato

1. Scongelare le vongole, se congelate. Sciacquare le vongole con acqua fredda; asciugare con carta assorbente. In una ciotola capiente, unire 3 cucchiai di olio, l'aglio e ¾ cucchiaino di pepe. Aggiungi le vongole; mescolare delicatamente per ricoprire. Coprire e lasciare raffreddare per almeno 1 ora o fino a 24 ore, mescolando di tanto in tanto.

2. Spennellare le metà delle zucchine con 1 cucchiaio di olio rimanente; cospargere uniformemente con ¼ di cucchiaino di pepe rimanente.

3. Scolare le vongole, scartando la marinata. Infilare due spiedini da 10-12 pollici attraverso ciascuna capesante, utilizzando 3 o 4 capesante per ogni coppia di spiedini e lasciando uno spazio di ½ pollice tra le capesante.* (Infilare le capesante su due spiedini aiuta a mantenerle stabili durante la cottura e girare.)

4. Per una griglia a carbone o a gas, posizionare le capesante e le metà della zucca direttamente sulla griglia a fuoco medio.** Coprire anche la griglia fino a quando le capesante saranno opache e la zucca appena tenera, girando a metà della griglia. Lasciare cuocere dai 6 agli 8 minuti per le capesante e dai 9 agli 11 minuti per le zucchine.

5. Nel frattempo, per la salsa, in una ciotola media unisci il cetriolo, l'avocado, i pomodori, la menta e l'aneto. Mescolare delicatamente per unire. Posizionare 1 spiedino di capesante su ciascuno dei quattro piatti da portata. Tagliare le metà delle zucchine in diagonale e aggiungerle ai piatti di capesante. Distribuire uniformemente il composto di cetrioli sulle capesante.

*Suggerimento: se si utilizzano spiedini di legno, immergerli in acqua sufficiente a coprirli per 30 minuti prima dell'uso.

**Per grigliare: preparare come indicato al passaggio 3. Posizionare le capesante e le metà della zucca sulla piastra non riscaldata della bistecchiera. Cuocere a una temperatura di 4-5 pollici fino a quando le capesante saranno opache e la zucca appena tenera, girandola una volta a metà cottura. Lasciare cuocere dai 6 agli 8 minuti per le capesante e dai 10 ai 12 minuti per le zucchine.

CAPESANTE FRITTE CON POMODORO, OLIO D'OLIVA E SALSA ALLE ERBE

FORMAZIONE:20 minuti tempo di cottura: 4 minuti rende: 4 porzioni

IL CONDIMENTO E QUASI COME UNA VINAIGRETTE CALDA.OLIO D'OLIVA, POMODORI FRESCHI TRITATI, SUCCO DI LIMONE ED ERBE AROMATICHE VENGONO UNITI E RISCALDATI MOLTO DELICATAMENTE - QUANTO BASTA PER FONDERE I SAPORI - E POI SERVITI CON CAPESANTE FRITTE E UNA CROCCANTE INSALATA DI GERMOGLI DI GIRASOLE.

VONGOLE E SALSA

Da 1 a 1½ libbre di vongole grandi fresche o congelate (circa 12)

2 pomodori romani grandi, pelati,* senza semi e tritati

½ tazza di olio d'oliva

2 cucchiai di succo di limone fresco

2 cucchiai di basilico fresco tritato

Da 1 a 2 cucchiaini di erba cipollina tritata finemente

1 cucchiaio di olio d'oliva

INSALATA

4 tazze di boccioli di girasole

1 limone, tagliato a fette

Olio extravergine d'oliva

1. Scongelare le vongole, se congelate. Sciacquare le vongole; Asciutto. Accantonare.

2. Per la salsa, in un pentolino, unire i pomodori, ½ tazza di olio d'oliva, il succo di limone, il basilico e l'erba cipollina; accantonare.

3. In una padella capiente, scalda 1 cucchiaio di olio d'oliva a fuoco medio-alto. Aggiungi le vongole; cuocere da 4 a 5 minuti o fino a quando saranno dorati e opachi, girando una volta a metà cottura.

4. Per l'insalata, mettere il cavolo in una ciotola da portata. Spremete le fette di limone sopra il cavolo e irrorate con un filo d'olio d'oliva. Mescolare per unire.

5. Riscaldare la salsa a fuoco basso fino a quando sarà calda; non bollire. Per servire, mettere la salsa al centro del piatto; sopra con 3 conchiglie. Viene servito con insalata di germogli.

*Suggerimento: per sbucciare facilmente un pomodoro, immergilo in una pentola di acqua bollente per un periodo compreso tra 30 secondi e 1 minuto o fino a quando la buccia inizia a rompersi. Togliete il pomodoro dall'acqua bollente e tuffatelo subito in una ciotola con acqua ghiacciata per interrompere la cottura. Quando il pomodoro è abbastanza freddo da poter essere maneggiato, rimuovere la pelle.

CAVOLFIORE ARROSTO AL CUMINO CON FINOCCHIO E CIPOLLA PERLATA

FORMAZIONE:15 minuti cottura: 25 minuti preparazione: 4 porzioniFOTO

C'E QUALCOSA DI PARTICOLARMENTE ATTRAENTESULLA COMBINAZIONE DEL CAVOLFIORE ARROSTO E DEL GUSTO TOSTATO E TERROSO DEL CUMINO. QUESTO PIATTO HA L'ELEMENTO DOLCE AGGIUNTO DEL RIBES ESSICCATO. SE LO DESIDERI, PUOI AGGIUNGERE UN PO' DI CALORE CON ¼ O ½ CUCCHIAINO DI PEPERONCINO TRITATO INSIEME AL CUMINO E AL RIBES AL PASSAGGIO 2.

- 3 cucchiai di olio di cocco non raffinato
- 1 cavolfiore a testa media, tagliato a cimette (da 4 a 5 tazze)
- 2 teste di finocchio, tritate grossolanamente
- 1 tazza e ½ di cipolline congelate, scongelate e scolate
- ¼ di tazza di ribes essiccato
- 2 cucchiaini di cumino macinato
- Aneto fresco tritato (facoltativo)

1. In una padella molto grande, scalda l'olio di cocco a fuoco medio. Aggiungere il cavolfiore, il finocchio e le cipolline. Coprire e cuocere per 15 minuti, mescolando di tanto in tanto.

2. Ridurre il calore a medio-basso. Aggiungi ribes e cumino nella padella; cuocere, senza coperchio, per circa 10 minuti o finché il cavolfiore e il finocchio saranno teneri e dorati. Se lo si desidera, guarnire con aneto.

SUGO DENSO DI POMODORO E MELANZANE CON SPAGHETTI DI ZUCCA

FORMAZIONE:30 minuti cottura: 50 minuti freddo: 10 minuti cottura: 10 minuti preparazione: 4 porzioni

QUESTO CONTORNO PICCANTE DIVENTA FACILEIN MODO PRINCIPALE. AGGIUNGERE CIRCA 1 KG DI CARNE MACINATA O DI BISONTE COTTA AL COMPOSTO DI MELANZANE E POMODORI DOPO AVERLO SCHIACCIATO LEGGERMENTE CON LO SCHIACCIAPATATE.

- 1 zucca spaghetti da 2 a 2½ libbre
- 2 cucchiai di olio d'oliva
- 1 tazza di melanzane tritate, sbucciate
- ¾ tazza di cipolla tritata
- 1 peperone rosso piccolo, tritato (½ tazza)
- 4 spicchi d'aglio, tritati
- 4 pomodori medi maturi, sbucciati se lo si desidera e tritati grossolanamente (circa 2 tazze)
- ½ tazza di basilico fresco spezzettato

1. Preriscaldare il forno a 180°C. Foderare una piccola teglia con carta da forno. Tagliare gli spaghetti di zucca a metà in modo incrociato. Usa un cucchiaio grande per raschiare semi e fili. Disporre le metà della zucca, con la parte tagliata rivolta verso il basso, sulla teglia preparata. Cuocere in forno, scoperto, per 50-60 minuti o fino a quando la zucca sarà tenera. Raffreddare su una gratella per circa 10 minuti.

2. Nel frattempo, in una padella capiente, scaldare l'olio d'oliva a fuoco medio. Aggiungi cipolla, melanzane e pepe; cuocere da 5 a 7 minuti o fino a quando le verdure saranno tenere, mescolando di tanto in tanto. Aggiungere l'aglio; cuocere e mescolare per altri 30 secondi. Aggiungi i pomodori; cuocere da 3 a 5 minuti o fino a quando i pomodori saranno morbidi, mescolando di tanto in tanto. Utilizzando uno schiacciapatate, schiacciare delicatamente il composto. Mescolare metà del basilico. Coprire e cuocere per 2 minuti.

3. Usa una presina o un asciugamano per tenere le metà della zucca. Usa una forchetta per raschiare la polpa di zucca in una ciotola media. Dividere la zucca in quattro piatti da portata. Coprire uniformemente con la salsa. Cospargere con il basilico rimasto.

FUNGHI STUFATI ALLA PORTOBELLO

FORMAZIONE:35 minuti cottura: 20 minuti cottura: 7 minuti preparazione: 4 porzioni

PER OTTENERE I PORTOBELLO PIÙ FRESCHI,CERCA I FUNGHI CHE ABBIANO ANCORA IL GAMBO INTATTO. LE BRANCHIE DOVREBBERO APPARIRE UMIDE MA NON BAGNATE O NERE E DOVREBBERO ESSERE BEN SEPARATE TRA LORO. PER PREPARARE QUALSIASI TIPO DI FUNGO DA CUCINARE, ASCIUGARLO CON UN TOVAGLIOLO DI CARTA LEGGERMENTE UMIDO. NON IMMERGERE O IMMERGERE MAI I FUNGHI NELL'ACQUA: SONO MOLTO ASSORBENTI E DIVENTERANNO MORBIDI E ACQUOSI.

4 grandi funghi portobello (circa 1 libbra in totale)

¼ tazza di olio d'oliva

1 cucchiaio di spezia affumicata (vedi_ricetta_)

2 cucchiai di olio d'oliva

½ tazza di scalogno tritato

1 cucchiaio di aglio tritato

1 libbra di bietole, private del gambo e tritate (circa 10 tazze)

2 cucchiaini di spezie mediterranee (vedi_ricetta_)

½ tazza di ravanelli tritati

1. Preriscaldare il forno a 400 ° F. Rimuovere i gambi dai funghi e riservarli per il passaggio 2. Utilizzare la punta di un cucchiaio per raschiare le lamelle dai cappucci; scartare le branchie. Metti i cappucci dei funghi in una padella rettangolare da 3 quarti; spennellare entrambi i lati dei funghi con ¼ di tazza di olio d'oliva. Capovolgi i cappelli dei funghi in modo che i lati del gambo siano rivolti verso l'alto; cospargere con condimento affumicato. Coprire la teglia con un foglio di alluminio. Cuocere,

coperto, per circa 20 minuti o fino a quando saranno teneri.

2. Nel frattempo tritare i gambi dei funghi messi da parte; accantonare. Per preparare il matul, togliere le costole spesse dalle foglie e scartarle. Tritare grossolanamente le foglie di smog.

3. In una padella molto grande, scaldare i 2 cucchiai di olio d'oliva a fuoco medio. Aggiungere lo scalogno e l'aglio; cuocere e mescolare per 30 secondi. Aggiungere i gambi dei funghi tritati, gli scalogni tritati e il condimento mediterraneo. Cuocere, scoperto, per 6-8 minuti o fino a quando la matula sarà tenera, mescolando di tanto in tanto.

4. Dividere il composto di scalogno tra le calotte dei funghi. Versare l'eventuale liquido rimasto nella teglia sui funghi ripieni. Sopra i ravanelli tritati.

RADICCHIO ARROSTO

FORMAZIONE: 20 minuti tempo di cottura: 15 minuti rende: 4 porzioni

IL RADICCHIO È QUELLO PIÙ COMUNEMENTE CONSUMATOCOME PARTE DI UN'INSALATA PER CONFERIRE UNA PIACEVOLE AMAREZZA ALLE VERDURE MISTE, MA PUÒ ANCHE ESSERE ARROSTITO O GRIGLIATO DA SOLO. UNA LEGGERA AMAREZZA È INERENTE AL RADICCHIO, MA NON VUOI CHE SIA OPPRIMENTE. CERCA TESTE PIÙ PICCOLE LE CUI FOGLIE SEMBRINO FRESCHE E CROCCANTI, NON APPASSITE. L'ESTREMITÀ TAGLIATA POTREBBE ESSERE LEGGERMENTE MARRONE, MA DOVREBBE ESSERE PREVALENTEMENTE BIANCA. IN QUESTA RICETTA, UN FILO DI ACETO BALSAMICO PRIMA DI SERVIRE AGGIUNGE UN PIZZICO DI DOLCEZZA.

2 grossi cespi di radicchio

¼ tazza di olio d'oliva

1 cucchiaino di spezie mediterranee (vedi ricetta)

¼ di tazza di aceto balsamico

1. Preriscaldare il forno a 400 ° F. Tagliate in quattro il radicchio, lasciando attaccata parte del torsolo (dovreste avere 8 fette). Spennellate i lati tagliati dei tondi di radicchio con olio d'oliva. Disporre le fette, tagliate verso il basso, su una teglia; cospargere con spezie mediterranee.

2. Arrostire per circa 15 minuti o fino a quando il radicchio sarà appassito, girandolo una volta a metà cottura. Disporre il radicchio su un piatto da portata. Irrorare con aceto balsamico; servire immediatamente.

FINOCCHI ARROSTITI CON VINAIGRETTE ALL'ARANCIA

FORMAZIONE:Bistecca da 25 minuti: 25 minuti per: 4 porzioni

CONSERVA L'EVENTUALE VINAIGRETTE AVANZATA PER GETTARLACON INSALATA VERDE O SERVIRE CON CARNE DI MAIALE, POLLAME O PESCE ALLA GRIGLIA. CONSERVA LA VINAIGRETTE AVANZATA IN UN CONTENITORE BEN COPERTO IN FRIGORIFERO PER UN MASSIMO DI 3 GIORNI.

- 6 cucchiai di olio extravergine di oliva, più una quantità per spennellare
- 1 bulbo di finocchio grande, mondato, privato del torsolo e affettato (conservare le foglie per guarnire, se lo si desidera)
- 1 cipolla rossa, affettata
- ½ arancia, tagliata a fettine sottili
- ½ tazza di succo d'arancia
- 2 cucchiai di aceto di vino bianco o aceto di champagne
- 2 cucchiai di sidro di mele
- 1 cucchiaino di semi di finocchio macinati
- 1 cucchiaino di scorza d'arancia tritata finemente
- ½ cucchiaino di senape di Digione (vedi ricetta)
- Pepe nero

1. Preriscaldare il forno a 425°F. Ungere leggermente una grande teglia con olio d'oliva. Disporre le fette di finocchio, cipolla e arancia sulla teglia; condire con 2 cucchiai di olio d'oliva. Mescolare delicatamente le verdure per ricoprirle di olio.

2. Arrostire le verdure per 25-30 minuti o fino a quando saranno tenere e leggermente dorate, girandole una volta a metà cottura.

3. Nel frattempo, per la vinaigrette all'arancia, unire in un frullatore il succo d'arancia, l'aceto, il sidro di mele, i semi di finocchio, la scorza d'arancia, la senape di Digione e il pepe a piacere. Con il frullatore in funzione, aggiungere lentamente i restanti 4 cucchiai di olio d'oliva a filo. Continuare a sbattere finché la vinaigrette non si sarà addensata.

4. Trasferisci le verdure su un piatto da portata. Condire le verdure con un po' di vinaigrette. Se lo si desidera, guarnire con foglie di finocchio tenute da parte.

www.ingramcontent.com/pod-product-compliance
Lightning Source LLC
Chambersburg PA
CBHW070404120526
44590CB00014B/1251